AF252993

PRÉCIS DE GÉOGRAPHIE

L'EUROPE

PAR

M. PEYRE

AGRÉGÉ D'HISTOIRE
PROFESSEUR AU LYCÉE DE DIJON

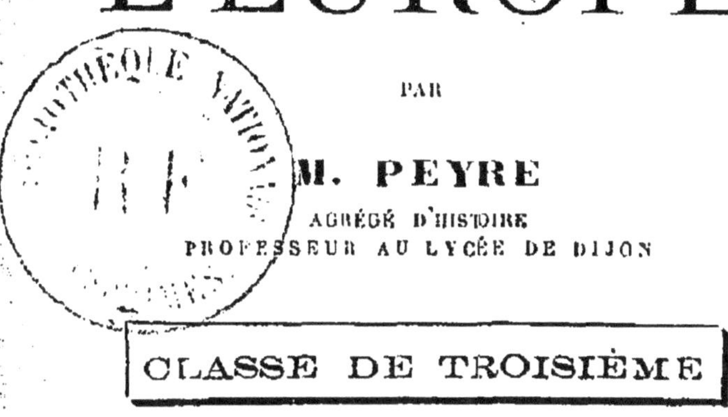

CLASSE DE TROISIÈME

*Les anciens et les nouveaux Etats sont étudiés
dans les limites territoriales
fixées par les traités et conventions de 1919 à 1925*

PARIS

LIBRAIRIE CLASSIQUE EUGÈNE BELIN

PAUL BELIN

8, RUE FÉROU, 8
A l'angle de la rue de Vaugirard, 50

1926

Tout exemplaire de cet ouvrage non revêtu de ma griffe sera réputé contrefait.

INTRODUCTION

Les traités de 1919-1920 ont modifié la carte de
l'Europe plus que ne l'avait fait le Congrès de Vienne
après les guerres de l'Empire (1). La monarchie austro-
hongroise a disparu, l'Allemagne a perdu 72 m. kmq. (2),
la Russie 1 300 m. kmq. Sept États sont nés et ont adopté
la forme républicaine : quatre luthériens : la Finlande,
l'Estonie, la Lettonie, Danzig ; trois catholiques : la
Tchéco-Slovaquie, la Pologne, la Lituanie. À l'ouest,
la France et la Belgique ; sur le Danube, la Roumanie
et la Yougo-Slavie, sur la Méditerranée, l'Italie et la
Grèce se sont accrues. L'Autriche, la Hongrie, la Bulgarie, la Turquie sont réduites. Parmi les belligérants,
seuls le Portugal et la Grande-Bretagne conservent leurs
anciennes frontières ; parmi les neutres, seul le Danemark
voit son territoire agrandi.

L'Europe nouvelle est fondée sur le droit reconnu à
chaque peuple de fixer à son gré ses destinées. Ainsi ont
été libérés les Finnois (Finlandais et Estes) et les Slaves
(Lettons, Lituaniens, Polonais, Tchèques, Slovaques,
Slovènes, Croates, Serbes), les Alsaciens-Lorrains, les

---

(1) Traité de Versailles, 28 juin 1919 avec l'Allemagne.
Traité de Saint-Germain, 10 septembre 1919, avec l'Autriche.
Traité de Neuilly, 26 novembre 1919, avec la Bulgarie.
Traité de Trianon, 4 juin 1920, avec la Hongrie.
Traité de Sèvres, 10 août 1920, avec la Turquie, modifié par le traité
de Lausanne, 24 juillet 1923.
Traité du 20 octobre 1920 avec la Roumanie, pour la Bessarabie.
La Russie n'a signé aucun de ces traités. Ses frontières ont été
fixées par accord direct avec les États issus de son démembrement et
avec la Turquie.
D'autres conventions ont réglé le partage de la Haute-Silésie (1921),
l'attribution de Wilno (Vilna), (1923), de Memel (1924) et de Fiume, etc.
(2) M. = million ; m. = mille.

Danois du Slesvig, les Italiens de Trente et de Trieste, les Roumains de Transilvanie et de Bessarabie, les Grecs des côtes et des îles, etc. Des plébiscites ont été organisés dans les régions de lisières disputées entre deux Etats (Carinthie, Haute-Silésie, etc.). Cependant maintes fois les négociateurs ont dû écarter le principe du droit des peuples devant des nécessités stratégiques (l'Italie a annexé 200 m. Allemands et 500 m. Yougo-Slaves pour se couvrir par une frontière de montagnes) ou économiques (la Tchéco-Slovaquie a obtenu plusieurs comitats hongrois qui lui donnent l'accès indispensable au Danube). Aussi les traités reconnaissent-ils partout les droits des minorités ethniques à leur libre développement. Une innovation capitale consiste dans la création d'une Société des Nations chargée d'enregistrer les traités, de prévenir les conflits et de diriger certaines institutions internationales. La S. D. N. administre le territoire de la Sarre ; elle a attribué à la Finlande les îles d'Aland, donné son avis sur le partage de la Haute-Silésie, etc.

Dans l'Europe ainsi remaniée, l'Angleterre reste la première puissance maritime. A l'ouest, des redressements importants de frontières sur la rive gauche du Rhin, au contact des civilisations et des langues germaniques et latines, dans une région de vie industrielle intense, sont faites au profit de la France et de la Belgique. L'Europe centrale est profondément transformée : la maîtrise germanique du Rhin au bas Danube est ruinée ; les Etats Slaves et la Roumanie dominent. Dans la Méditerranée, la France conserve une forte position, malgré les avantages obtenus par l'Italie et par la Grèce. L'Europe orientale perd son unité avec l'indépendance de la Pologne et des Etats Baltes ; son avenir est à l'heure actuelle très incertain.

PRÉCIS DE GÉOGRAPHIE

L'EUROPE

CHAPITRE Ier

L'Atlantique.

L'Océan et ses mers bordières unissent entre eux la majorité des habitants de l'Europe et l'Europe avec le reste du monde, soit directement, soit par les passages de la Méditerranée. L'activité maritime est surtout intense sur les côtes de la Manche et de la mer du Nord : là se trouvent le peuplement le plus serré (Belgique, 252 h. par kmq.; Angleterre, 248; Allemagne, 133; France 72. — Moyenne de l'Europe : 44), les régions industrielles les plus importantes (Angleterre, Nord et Est français, Belgique, Allemagne Rhénane), les pays qui disposent des cinq plus grandes flottes (Angleterre, 20 M. tx; Allemagne 5,5; Norvège, 2; France, 2; Hollande, 1,5; en 1914). Aussi le Pas de Calais est-il plus fréquenté que Gibraltar et Port-Saïd. Le golfe de Gascogne, la côte portugaise au sud, la Baltique et la mer Arctique au nord, ont un mouvement de moins en moins grand à mesure qu'ils s'éloignent de ce centre vital.

Sous le cercle polaire, l'océan Glacial est la seule mer libre russe. Malheureusement sa position est excentrique et ses bords sont gelés de 5 à 8 mois. Seule la côte norvégienne et la partie occidentale de la péninsule de Kola sont, grâce au Gulf-Stream, accessibles toute l'année. Pour l'utilisation de ces mers septentrionales, les Russes ont construit d'abord la voie ferrée Moscou-Arkhangelsk et plus récemment celle de Pétrograd à la côte Mourmane. Une voie d'eau facile à établir est projetée entre la Baltique et la mer Blanche par les lacs Ladoga, Onéga et le chapelet de rivières et de lacs qui suivent l'isthme : elle transporterait les bois, les minerais et les produits de la pêche. Ce sont les Norvégiens qui fréquentent le plus cet océan inhospitalier. Aussi, le 9 février 1920, les grandes puissances leur ont-elles reconnu la propriété du Spitzberg qui se trouve à 700 km. au nord de leurs côtes. Cet archipel, longtemps connu seulement des baleiniers et des chasseurs de phoques et d'eiders, a attiré les Européens depuis la découverte de gisements houillers contenant d'énormes réserves. La production a dépassé, en 1023, 330 m. tonnes, précieuse ressource pour les ports de l'extrème nord. Les neuf dixièmes de la population (1 500 h.), la plupart des entreprises minières, les vapeurs qui font le service régulier avec Tromsoë sont norvégiens.

Le statut de la **Baltique** a été complètement changé par les traités. En 1914, l'Allemagne et la Russie se disputaient la domination de cette mer, dont la Suède et le Danemark gardent l'entrée. Militairement et économiquement, l'Allemagne y régnait. Le canal de Kiel donnait une sortie indépendante à sa marine. Un système combiné de voies ferrées et de transbordements à travers les détroits danois facilitait les relations rapides entre Hambourg et Oslo, Berlin et Stockholm. La Suède vendait son fer, le Danemark les produits de son élevage, la Russie ses céréales, son lin, ses bois. Les deux cinquièmes du commerce des Etats Scandinaves, plus du tiers du commerce russe se faisaient avec l'Allemagne. Six nouveaux Etats ont surgi, dont le premier souci est de s'assurer de larges débouchés sur la Baltique. La Finlande, qui possède Abo, Helsingfors et Viborg, a commencé les travaux d'aménagement de Hangö, qui devient un port franc : plus profond et plus accessible l'hiver que Pétrograd, relié à cette ville par une voie ferrée, il pourra servir au ravitaillement de la Russie du Nord. La Finlande dispose en outre d'une flotte de 600 m. tx. qui trouve un fret commode dans l'exportation des bois du pays. L'Estonie possède Reval, Port-Baltique et Pernov, la Lettonie a Riga, Windau et Libau : elles cherchent à attirer dans ces ports les grains et les bois russes selon les voies d'avant-guerre. Reval occupe une situation analogue à Hangö. Riga (3,6 M. t.), troisième port de la Baltique après Pétrograd et Lubeck, vient d'accorder aux Russes des quais et des entrepôts spéciaux ainsi que des tarifs avantageux sur les lignes de chemins de fer qui le mettent en communication avec l'intérieur.

La Lituanie qui ne disposait que de la rade foraine de Polangen s'est vu attribuer Klaipeda (Memel) sur le Kurisches Haff. La Pologne n'a qu'une côte étroite et basse où elle a commencé l'aménagement du port de Gdynia. Danzig, dont l'usage lui est assuré et qui devient une ville libre, ne pourra que gagner à l'extension de son arrière-pays. La Russie est encore plus éprouvée : dépouillée de ses débouchés naturels, il ne lui reste que 150 km. de côtes au fond d'un golfe fermé cinq mois par les glaces. En dehors des ports de Pétrograd et de Kronstadt (4 M. t.), elle est refoulée vers l'Asie aussi loin qu'au temps de Pierre le Grand. Quant à l'Allemagne, la perte de Memel et de Danzig n'affaiblit pas sensiblement sa situation maritime. Les ports de la Baltique ne font qu'un tiers du commerce allemand et le canal de Kiel permet à Hambourg et à Brême d'étendre leur emprise à l'est. Le grand malheur est la diminution de la flotte de haut bord : l'expansion extérieure est paralysée non seulement sur la Baltique mais sur toutes les mers.

Voici le tonnage des principales marines marchandes en 1914 et en 1924 en M. de tx. (vapeurs de plus de 100 tx.).

1914	1924	
20,5	18,9	Grande-Bretagne.
5,5	2,8	Allemagne.
1,9	3,1	France.
1,9	2,6	Norvège.
1,5	2,6	Pays-Bas.

L'Allemagne a perdu les navires internés pendant la

guerre dans les ports neutres, tous les navires au-dessus de 1 600 tonneaux, la moitié de ceux au-dessous de 1 000 t., le quart des bateaux de pêche ; elle s'est engagée en outre à construire pour les vainqueurs 1 M. de t. Malgré l'activité de ses chantiers de Stettin, Kiel, Hambourg et Bremerhafen, etc., il lui faudra longtemps avant que sa flotte reprenne son importance et il est à craindre que les Etats rivaux ne se rendent maîtres de débouchés qu'il sera difficile de reconquérir. Les traités ont décidé aussi l'internationalisation des principaux fleuves et l'établissement de zones libres aux ports d'embouchure : ainsi pour le Niémen au bénéfice de la Pologne et de la Lituanie, pour l'Oder et l'Elbe, en faveur de la Tchéco-Slovaquie. Le Rhin enfin, entre la Suisse et Wesel, n'est plus monopolisé par l'Allemagne : de Bâle à la Lauter, la France possède la rive gauche, le port de Strasbourg et les canaux qui y aboutissent ; elle travaille à l'amélioration du canal du Rhône au Rhin, qui permettra de prolonger sur son territoire la navigation rhénane. La Belgique, de son côté, cherche à dériver sur Anvers une partie du trafic du grand fleuve au moyen d'un canal de 2 000 t. qui reliera Ruhrort à l'Escaut. Anvers, d'autre part, se dégagera de la servitude hollandaise en créant un canal jusqu'à Zeebrugge exclusivement sur le territoire national. Les Belges, après l'exécution de ces projets, auront sur leurs côtes étroites deux ports de premier ordre : Ostende, pour le transit des voyageurs, et Zeebrugge, terminus de la voie du Rhin.

C'est l'**Angleterre** qui profite surtout de l'affaiblissement de la marine allemande. Malgré les pertes de guerre, évaluées aux deux cinquièmes du tonnage, elle a réussi avec l'appoint de 1,5 M. t. livrées en vertu des traités, et grâce à l'activité de ses constructions (2, 1 M. de t. en 1919) à conserver presque sa puissance d'avant-guerre. Ses compagnies de navigation rayonnent partout, unissant la métropole aux Dominions, aux colonies de la Couronne et aux Etats étrangers. Mais sa marine se compose surtout de tramps, navires errants qui, sans points fixes de départ ni d'arrivée, vont d'un port à l'autre au hasard des cargaisons. Le commerce anglais a cependant de grandes difficultés actuellement. La houille, les produits métallurgiques, les cotonnades tiennent le premier rang pour l'exportation. L'Angleterre vendait en 1913, 65 M. de t. de charbon, en 1920, 25 M. C'est seulement depuis 1923 qu'elle a regagné son chiffre d'avant-guerre. La production de la fonte a baissé d'un quart (1924 : 7,3 M. de t.); l'acier revient plus cher qu'en France et aux Etats-Unis. La vente des tissus de coton a baissé de 60 p. 100 entre 1913 et 1924.

La raison principale du recul de l'exportation, et par suite de la production, est la restriction des débouchés : en 1913, 40 p. 100 des achats étaient faits par l'Europe : aujourd'hui les affaires ont diminué en Russie et dans tous les Etats épuisés, et la concurrence étrangère sévit plus que jamais. Le trafic reste cependant énorme : en 1924, il est de 2215 M. de livres dont 1280 à l'importation. On compte à l'entrée la moitié de produits alimentaires, un quart de matières premières, un quart d'articles ouvrés, et à la sortie deux tiers d'articles ouvrés, un douzième de matières premières, etc. On voit la nécessité de produire industriellement en masse pour nourrir une population très dense. Dans le but de diminuer l'importation des denrées alimentaires, la Grande-Bretagne a fait depuis 1914 un effort pour étendre les cultures de céréales et de pommes de terre : les récoltes ont augmenté d'un huitième, mais les propriétaires ont tendance à refaire les prairies aux dépens des champs.

La *flotte française* a crû sensiblement. La guerre maritime a englouti 900 m. tx., tandis que presque tous nos chantiers chômaient. Les 500 m. tx. reçus de l'Allemagne, les achats nous ont permis de combler le déficit. On se rend compte cependant de l'insuffisance de ce tonnage pour un pays de 40 M. d'habitants qui a vue sur deux mers, qui possède un empire colonial immense et a besoin de débouchés nouveaux pour une industrie importante appelée encore à se développer. Aussi les commandes de navires ont-elles dépassé 1 200 m. tx. Bientôt la France disposera de 3,5 M. de tx. : elle aura alors la troisième flotte du monde après l'Angleterre et les Etats-Unis.

Des travaux d'agrandissement et des améliorations d'outillages ont été réalisés depuis 1914 ou sont en voie de l'être dans les grands ports français. Le Havre, qui reçoit 200 000 passagers et importe le café et le coton, ne disposait que de quais de 9 mètres de profondeur accessibles pendant douze heures ; il a construit maintenant un grand bassin de marée profond de 12 mètres pour les plus grands paquebots modernes, et une cale de radoub de 345 mètres.

A Rouen, dont le trafic a provisoirement doublé pendant la guerre, la nécessité a fait multiplier les postes de déchargement (146 au lieu de 78 sur quais en appontements), accroître le nombre des remorqueurs et des appareils de levage. Aujourd'hui le port est capable de suffire au grand commerce d'importation de charbons et de minerais pour ses industries sans cesse grandissantes et pour celles de la région parisienne.

Nantes et Saint-Nazaire ont cessé de se jalouser pour concourir en commun à l'aménagement du fleuve : 800 mètres de quais nouveaux ont été construits à Nantes, 500 mètres en aval sur la rive droite, des estacades à Paimbœuf, des appontements à Donges. L'outillage a crû de 40 p. 100. On étudie l'établissement d'une ligne de chemin de fer de grand débit entre Nantes et Chagny par Tours et Nevers, afin d'étendre jusqu'à l'Alsace et à la Suisse les relations et l'influence des ports de la basse Loire.

L'estuaire de la Gironde a été transformé : Bordeaux avait en 1913 deux bassins à flot, 60 postes pour bateaux et l'avant-port de Pauillac ; il a achevé en 1914 les appontements de Queyries, construit ensuite ou racheté aux Américains le port de Bassens (20 postes), développé le port de Blaye ; il commence actuellement au Verdon, derrière la pointe de Grave, un môle d'escale de 310 mètres de long, avec 13 mètres de tirant d'eau pour recevoir les plus grands navires et une gare maritime où s'embarqueront et débarqueront la poste, les voyageurs et les marchandises de valeur.

Ainsi la guerre a stimulé les initiatives. Nos ports ont gagné non seulement en étendue, mais en capacité de production par des raccordements de voies ferrées, par la multiplication des hangars et stockages, des réservoirs à pétrole ou à mazout, des élévateurs, etc. Le trafic de Rouen et de Saint-Nazaire a doublé, celui du Havre, de Bordeaux et de Nantes, augmenté des deux tiers, de la moitié, du huitième. La cessation des transports pour les armées a amené une crise momentanée. L'accroissement de notre marine marchande, l'outillage modernisé de nos ports, le service des usines qui s'y sont développées, enfin la recherche de nouveaux marchés aideront à la surmonter.

Les autres marines de l'Atlantique ont un rôle moins universel. La flotte norvégienne est très active dans la mer du Nord et transporte les bois des États Scandinaves. La flotte hollandaise participe au trafic de l'Allemagne Rhénane et fait le commerce des Indes Néerlandaises. La flotte belge (460 m. tx.) est sans rapport avec l'importance économique du pays : en 1917, s'est fondé le Lloyd Royal Belge avec 35 navires. Le Portugal a le port d'escale de Lisbonne : son commerce, comme ses colonies et son industrie, sont aux mains des Anglais. La flotte espagnole, réduite à 1 M. de tx. opère surtout le cabotage : la région de Bilbao vend du fer à toute l'Europe. — De Gibraltar au Cap Nord, c'est la marine britannique qui a de beaucoup le premier rang, mais le pavillon américain étend de plus en plus son influence comme le pavillon allemand avant 1914, et on constate un effort général de tous les États pour augmenter le tonnage de leurs flottes marchandes.

CHAPITRE II

Les États scandinaves.

Suède, Norvège, Danemark.

I. — La Suède, la Norvège et le Danemark ont été autrefois un même empire, qui a dominé les mers du nord de l'Europe. La Suède s'est séparée du Danemark en 1523, la Norvège seulement en 1815. Ces trois États ont une remarquable unité de race (type nordique) et de religion (luthéranisme). Il ne reste comme allogènes que 20 m. Finnois sur la Torne Elf, 25 m. Lapons, éleveurs de rennes ou pêcheurs au Nord. Dans la péninsule scandinave, les hautes latitudes (56° ou 71°) et les hauts reliefs qui arrêtent l'influence maritime vers l'Est, expliquent la faiblesse des ressources et du peuplement. Le Jutland, les îles danoises et la Scanie, plus méridionaux et plus plats sont plus hospitaliers. On passe ainsi des solitudes glacées du Nord (Finmark : 0,6 h. par kmq.) aux pays humides, bien cultivés et bien peuplés du Sud. En tout 12 M. d'habitants. La race vigoureuse et prolifique de ces pays septentrionaux a de tout temps émigré par terre et par mer vers les régions plus clémentes : depuis une quarantaine d'années les partants se dirigent principalement vers les plaines agricoles de l'Amérique du Nord (en 1920, 700 m. originaires de Suède aux États-Unis). Malgré ce courant la population gagne de 90 à 100 m. individus par an.

II. — Les États scandinaves occupent un territoire de 820 m. kmq. La **Suède** fait partie du « bouclier baltique », plate-forme archéenne faillée et nivelée par les érosions fluviales et glaciaires. C'est un pays de collines peu élevées (4/5° du sol au-dessous de 400 m.), caillouteuses, généralement recouvertes de forêts. Vers la ligne de faîte à l'ouest, des dépressions profondes sont occupées par des lacs allongés qui se déversent dans des rivières parallèles, coupées de rapides. Entre le Skagerak et le golfe de Finlande, le plateau est partiellement envahi par les eaux : grands lacs Venern, Vetter et Mälar. La côte orientale est basse, rocheuse, bordée d'îles qui rejoignent les archipels finlandais.

La **Norvège** est constituée par une énorme chaîne très ancienne de 1 500 km. de longueur, culminant à 2 500 m. L'intérieur est un plateau monotone très élevé semé de tourbières et de champs de glace, sans arbres, très froid, désert : c'est vers le 62° latitude à l'Ymesfield, massif éruptif, qu'il est le plus large et le plus élevé. Vers Trondhiem, le plateau s'abaisse à 500 m., devient plus accessible et plus habitable et permet les seules communications possibles avec le Sud. Il se relève ensuite vers le Nord et se maintient à 1 000 m. Du côté de la mer ces hautes terres descendent en falaises verticales et s'émiettent en îles et en péninsules entre lesquelles s'allongent des golfes profonds et sinueux. Dans ces « fjords » aboutissent les rares vallées qui pénètrent la masse montagneuse : l'érosion glaciaire explique leurs flancs abrupts, leurs cascades et leurs lacs nombreux étagés vers l'amont.

Au delà du Kattégat et du Sund, détroits sans profondeur, le **Danemark** est un pays de terres et d'îles basses (172 m. altitude maxima). Le sous-sol est formé surtout par la craie qui affleure parfois en falaises continuant celles de la Scanie suédoise et de l'île allemande de Rügen. La craie et les terrains tertiaires disparaissent presque partout à l'Est sous un épais manteau d'argiles glaciaires qui donne généralement de bonnes terres et à l'Ouest sous des sables beaucoup plus pauvres. La côte occidentale est bordée de dunes et de marais. A l'Est le grand et le petit Belt séparent au contraire des îles fertiles devant une mer calme qui favorise la pêche et le commerce.

Vie économique.

I. — La **Suède** (45 m. kmq., 6 M. d'habitants), vit de son agriculture, de ses forêts, de ses mines et des industries qui en dérivent.

a) La surface cultivée n'est que de 9 p. 100, celle des prairies de 2 p. 100, tandis que les espaces infertiles occupent 20 p. 100. Les bonnes terres sont en Scanie dans la région des lacs et sur la côte baltique ; le climat contribue à raréfier les champs cultivables vers le Nord (2,7 p. 100 dans le Norrland). Les petites propriétés (85 p. 100 des domaines) emploient depuis longtemps les engrais et la rotation des cultures. Aussi les céréales, avoine, seigle, blé, suffisent-elles presque à la consommation et alimentent-elles beaucoup de minoteries et de distilleries. Aussi les betteraves en Scanie et dans les grandes îles du S.-E. (Gottland et Oeland) fournissent-elles la matière première à une vingtaine de sucreries. Le gros bétail soigneusement sélectionné permet l'exportation du beurre vers la Grande-Bretagne.

b) Les forêts occupent jusqu'à 75 p. 100 du sol dans la province du Svealand, en moyenne 60 p. 100. On les exploite l'hiver quand chôme la culture. Les rivières sont aménagées pour le flottage. Partout des scieries, des fabriques d'allumettes, de meubles, de cellulose débitent le bois. La moitié des exportations du pays consiste en madriers, planches, bois, papier, etc. (800 m. francs-or en 1923).

c) La Suède a un peu de charbon, beaucoup de houille blanche, de riches mines de fer et de cuivre. Les mines de Scanie ne donnent que 400 m. t. de houille, mais les chutes ont permis d'équiper déjà plus de 1 M. de CV : les principales installations sont celles de Porjus sous le cercle polaire, celles du Dal-Elf et du Gœta-Elf dans les deux régions les plus industrialisées de la Suède. Le fer se trouve dans les terrains archéens en gisements très riches (teneur :

jusqu'à 66 p. 100) et à fleur de terre : en Laponie à Gellivara, et au centre vers Dannemora. Le minerai (6 M. de tonnes) est en grande partie exporté. La Suède avait autrefois une industrie familiale d'hiver qui fournissait des outils, de la quincaillerie, de la ferblanterie. Elle a en 1924 une soixantaine de hauts-fourneaux au charbon de bois et une douzaine de fours électriques qui donnent 500 m. t. de fonte, une soixantaine de fours Bessemer et Martin qui donnent 400 m. t. d'aciers réputés pour la coutellerie, l'automobile : Malmœ, Jonkœping, Stockholm, etc., ont des fabriques de machines, locomotives, turbines, dynamos, etc. Falun a des minerais et des fonderies de cuivre.

d) En résumé la Scanie et la dépression des lacs sont les deux régions vitales de la Suède. La première par son agriculture, ses industries alimentaires, son port de Malmœ 115 m. h., le plus méridional de la Scandinavie. La deuxième par ses champs, ses forêts et ses mines, par ses voies de circulation nombreuses de terre et d'eau : là se pressent les grandes villes : **Stockholm** (429 m. h.), au milieu d'un dédale d'eaux, capitale, centre de commerce et d'usines métallurgiques et textiles ; Gœteborg, 228 m. h. au bord du Gœta Elf, le premier port de la Suède avec des chantiers maritimes et des produits textiles et alimentaires.

II. — La **Norvège** : 325 m. kmq., 2 600 m. habitants.

a) Les ressources du sol sont très limitées. Le climat est relativement tempéré, même au Nord : moyenne de l'été + 16° au Sud, + 13° au Nord. Mais les régions basses où la culture est possible sont rares, sauf vers Trondhiem, vers Oslo et sur les terrasses côtières du S.-O. : seulement 3 p. 100 du sol. Aussi y a-t-il un gros déficit de vivres, malgré le travail bien réglé de 300 000 exploitants, dont les 9/10° sont propriétaires. Peu de céréales, beaucoup de prairies artificielles, des vaches laitières qui montent l'été sur le plateau, des fabriques de lait concentré et du beurre. Les forêts occupent 22 p. 100 de la surface (bouleaux et résineux) ; elles entretiennent la plus forte industrie norvégienne (scieries, pâte de bois, papeteries) et fournissent les 3/8 des exportations.

b) Les ressources de la mer sont considérables. La pêche est pratiquée par 100 000 personnes, 300 ports, 18 000 navires. Des Lofoten à Trondheim on prend des morues ; de Kristiansund à Stavanger des harengs, sur le Skagerak des maquereaux que l'on consomme frais, salés, séchés, en conserves, que l'on utilise pour la fabrication d'huiles, de farines et d'engrais. On pêche aussi entre les îles, dans les fjords le sprat, le saumon et la truite de mer, etc. Les baleiniers norvégiens vont jusqu'au Spitzberg et dans les mers australes d'où ils rapportent une centaine de mille tonnes d'huile préparée à bord. L'exportation des produits de la mer représente en 1923 le 1/8ᵉ du total et la consommation du poisson est plus grande que partout ailleurs (200 M. kgs en 1924).

Une forte marine marchande est indispensable à ce pays où les communications intérieures sont très difficiles (le chemin de fer d'Oslo à Bergen doit s'élever à 1 280 m. dans un paysage désolé, traverser de nombreux tunnels dont un de 5,5 km. et se protéger par 60 km. d'abris et d'écrans contre la neige ; 3 500 km. seulement de voies ferrées). La guerre a diminué le tonnage qui atteint cependant en 1924 2 600 m. t. et fait la moitié du trafic norvégien. Le transport du bois, le ravitaillement du pays en produits industriels et alimentaires et aussi le trafic entre les ports étrangers ont rapporté 500 M. de couronnes en 1924. Oslo qui fait 40 p. 100 du commerce norvégien va créer un port franc à Bjorviken.

c) Les revenus industriels sont faibles. Un seul minerai important, les pyrites de cuivre de la région de Trondheim qu'achètent l'Angleterre et l'Allemagne. La houille blanche a un rôle primordial dans ce pays aux fortes pluies et aux grandes pentes, où la main-d'œuvre est rare : 1,5 M. CV sont aménagés dans les fjords du Sud. C'est plus qu'il n'en faut pour un État de 2 M. d'habitants : lumière, force motrice sont partout répandues ; les usines électriqués fabriquent des fontes, des aciers, des produits chimiques et l'on songe à transporter le courant jusqu'au Danemark et en Allemagne.

d) En somme le bois, les produits de la pêche, le commerce sont la base de la vie économique, et font prospérer les trois centres principaux de la Norvège : 1° La dépression d'**Oslo** a le 1/4° des habitants, la moitié des terres cultivées et de belles forêts sur son pourtour. La capitale, 257 m. h., au fond de son fjord a des filatures, des tissages, des industries mécaniques ; 2° La dépression de Tronhiem a des cultures de céréales et de pommes de terre, du bétail et est en relation terrestre avec Oslo et la Suède ; 3° La côte sud-ouest a des cultures sur ses terrasses marines et au bord de ses fjords et centralise les produits de la pêche : Bergen (96 m. h), vieille ville hanséatique, a une flotte considérable.

III. — Le **Danemark** : 43 m. kmq., 3,3 M. hab. y compris le Slesvig. Ici les landes, dunes et eaux n'occupent que 10 p. 100 de la surface, les forêts largement essartées, 8 p. 100. L'humidité du climat favorise l'élevage. Aucun pays d'Europe n'a plus de bétail : 2,8 M. porcs, 2,5 M. bovins, 500 m. chevaux et beaucoup de volailles. Les Etats voisins achètent par énormes quantités la viande, le lard, le beurre et les œufs (3/4 de l'exportation). Les petites exploitations dominent et cultivent à côté des prairies, l'orge et l'avoine, la pomme de terre et la betterave. Les îles (Seeland, Fionie, Laaland, Falster et Mœn, 400 autres) sont les districts les plus riches. Mais l'aisance règne partout même dans le Jutland central moins fertile et moins peuplé.

La flotte marchande est considérable pour ce petit pays : 1 040 m. tx. La mer est peu favorable sur la côte occidentale aux marées dangereuses et aux plages sans défense : Esbjerg, ville neuve, est le seul port actif ; il transporte en Angleterre les produits de l'élevage. Les détroits à l'Est sont plus accueillants : abrités et sans marée, ils sont le centre du commerce national et du commerce de transit. Le Petit Belt avec Frédéricia (+ 9 m. d'eau) et le Grand Belt avec Korsœr (+ 11 m. d'eau) sont cinq fois moins fréquentés que le Sund (+ 8 m. d'eau). Ce dernier chenal, semé d'îles basses, libre de péages depuis 1857 aboutit en effet à **Copenhague** (700 m. h. avec ses faubourgs). Le port est sur un détroit entre la grande île Seeland et Amager : il est en relations avec l'Amérique du Nord, les ports de la Baltique et surtout avec l'Allemagne et l'Angleterre gros acheteurs de beurre. Un port franc avec 7400 m. de quais, des entrepôts et une gare maritime attire et facilite le transit. Des usines textiles, des brasseries, des manufactures de porcelaines, etc., s'ajoutent encore à l'activité de la capitale de ce petit royaume pacifique et prospère.

De son empire colonial d'autrefois le Danemark a conservé les Færoö, l'Islande et le Grœnland. Sous le 62° lat., les Færoö (21 m. h.), îles rocheuses d'accès difficile vivent de la pêche et de l'élevage du mouton. Entre les 64° et 66°, l'Islande (96 m. h.) forme depuis 1918 un royaume indépendant uni au Danemark par le seul lien dynastique : ce pays froid de volcanisme intense, élève des moutons et des poneys, pêche la morue et chasse les oiseaux à duvel. Les 88 m. kmq. libres de glaces du Grœnland ne sont peuplées que de 14 m. habitants, pêcheurs et chasseurs d'animaux à fourrures.

CHAPITRE III

Les Iles Britanniques

I. — Notions générales.

Les Iles britanniques comprennent la Grande-Bretagne, ses annexes des Hébrides, Orcades, Shetland au Nord, de Man et Anglesey à l'ouest, de Wight et de Jersey-Guernesey au sud, et l'Irlande : 315 m. kmq. Leur population a passé en un siècle de 16 à 48 M. d'habitants. Cependant l'Irlande et l'Ecosse ont à peine augmenté, tandis que l'Angleterre grâce au développement du commerce et de l'industrie a pu nourrir une population 4 fois plus nombreuse. Partout la race est prolifique, mais les conditions économiques défavorables de l'Irlande du Sud et des montagnes écossaises ont amené une émigration considérable : il y a aujourd'hui 10 M. d'Irlandais à l'étranger, 4 dans la mère patrie. D'autre part les crises de chômage, l'absence de petites propriétés, les besoins du commerce et les carrières coloniales amènent chaque année de nombreux départs de l'Angleterre elle-même. En total les Iles Britanniques ont en un siècle fourni 15 millions de colons à l'Amérique et à l'empire anglais et accru en outre leur population de 32 M. d'habitants. Depuis la guerre, l'émigration enlève chaque année en moyenne 150 m. individus; les 3/4 vont vers les Dominions. L'excédent des naissances étant de 300 à 400 m. par an, l'accroissement est encore considérable, avec tendance cependant à diminution. La natalité baisse; en 1924 elle n'a été que de 19,4 pour 1 000 (France 18,7).

L'archipel repose sur un plateau continental peu profond qui lui est commun avec la Scandinavie et la France. L'Océan profond ne commence qu'à une centaine de km. à l'ouest de ses côtes. Le relief de l'Irlande septentrionale et de l'Ecosse continue celui de la Norvège : ce sont les mêmes côtes aux fjords profonds, aux falaises abruptes, aux larges éruptions volcaniques récentes avec leur bordure d'îles ; ce sont les mêmes roches, gneiss et grès rouges, et la même allure intérieure de plateaux massifs découpés par les profondes coupures des vallées. La péninsule de Cornouailles est aussi le pendant de la Bretagne : toutes les deux sont de vieilles terres rongées par la mer, aux paysages monotones avec les mêmes roches granitiques ou schisteuses et les mêmes filons métallifères. Enfin l'Angleterre Orientale rappelle par sa structure en auréoles le bassin parisien dont elle n'est séparée que par la Manche. Ce bras de mer sans profondeur conserve dans son lit des traces d'anciennes vallées fluviales et les mêmes falaises de craie se retrouvent à Dieppe et à Folkestone.

Géologiquement liées au continent, les Iles britanniques ont l'avantage d'en être séparées par des mers assez larges pour les mettre à l'abri des soubresauts d'une Europe séculairement troublée : ainsi a été créé anciennement dans la plaine anglaise un Etat national qui, très différent de ses voisins continentaux, s'est uni il y a deux siècles à un second Etat né dans la plaine écossaise. Cette situation n'empêche point d'ailleurs l'Archipel de participer intimement au trafic européen, car la France, les villes industrielles de Flandre et les ports hanséatiques sont à bonne portée. Enfin depuis le xvie siècle la découverte de l'Amérique et de la route du Cap a placé la Grande-Bretagne au centre du monde et été l'origine d'une grande expansion sur toutes les mers du globe.

II. — L'Irlande.

L'Irlande : 84 m. kmq. et 4450 m. hab. en 1924 forme aujourd'hui deux Etats.

1° L'Etat libre d'Irlande (68 m. kmq., 3200 m. hab.).

Les Irlandais catholiques ont lutté un siècle pour la liberté :
ils ont obtenu la libération religieuse (en 1829 et 1869), la
libération progressive du sol possédé par des landlords anglais (en 1870, 1881, etc.), la libération politique par
l'accord du 6 décembre 1921 qui a établi un régime analogue à celui du Canada.

L'Irlande est une vieille terre où le relief est dû surtout
à la différence de dureté des roches, aux éruptions volcaniques et aux dépôts glaciaires. Les Monts Wicklow ont
des granits aux formes lourdes, des grès et des quartzites
aux angles vifs, des fleuves dans des sillons profonds. Les
Monts de Cork taillés dans des grès rouges qui culminent
au Carrantuohil (1 041 m.) donnent des promontoires effilés
séparant des golfes au S.-O. Au N.-O. des massifs isolés anciens et des coulées basaltiques. L'Irlande centrale est une
dépression déblayée dans le calcaire carbonifère, recouverte
partiellement d'argiles glaciaires, accidentée par quelques îlots
de roches plus dures et par des collines morainiques allongées (100 m. alt. moy.); le sol est perméable, avec des
grottes et des rivières souterraines, mais la pente est insi-
gnifiante et le sol saturé d'eau. Aussi le Shannon se traine-
t-il paresseusement d'un lac à l'autre jusqu'à son vaste
estuaire vers Limerick.

Le climat plus que le relief donne à l'Irlande son véritable
caractère. La « verte Erin » est un pays d'une excessive
humidité où les écarts de température sont très faibles. Deux
cents jours de pluie par an, 1^{m}50 de précipitations à l'île
Valentia, une atmosphère brumeuse et sous ces hautes latitudes (52° à 55°) des hivers assez doux (Cork, janv. + 5°)
pour permettre les cultures dérobées (raves), précieux supplément de ressources. Partout de l'eau, de l'herbe, des
mousses et du lierre, des arbres.

La vie économique est conditionnée par la pauvreté du
sous-sol et l'abondance souvent excessive de l'eau. Les
roches anciennes sont presque stériles. Les Monts Wicklow
ont un peu de cuivre, d'étain et d'or, le Leinster un peu
d'anthracite. L'île doit importer chaque année 4 à 5 M. de
tonnes de houille. Seule la tourbe abondante est activement

exploitée et fournit le chauffage au paysan (7 M. de ton.).

L'élevage est la ressource capitale. Longtemps l'Irlande fut un pays de pasteurs à demi-nomades, vivant dans des huttes primitives et ne cultivant que d'étroites parcelles. L'humidité interdit presque la production du blé, gêne les autres céréales et tolère seulement la pomme de terre : l'étendue des champs a baissé des 2/5 depuis 1850 : actuellement 5 à 7 M. qx d'avoine, 15 à 20 de pommes de terre. Le bétail au contraire prospère sur les prairies et landes perpétuellement vertes : 4,2 M. de bovins, 3 M. de moutons, 1 M. de porcs, 400 m. chevaux anglais et poneys (1/3 du cheptel français). Il alimente l'industrie des lainages et de la confection (Dublin, Limerick), il fournit les 4/5 de l'exportation du pays (viande, lard, beurres, peaux, etc.).

La population est dispersée dans des tenures, souvent trop petites à l'ouest (40 p. 100 ont moins de 6 ha.). Il reste encore de grands domaines avec d'immenses troupeaux. Cependant leur nombre diminue : de 1881 à 1914, il y a eu en Irlande 150 000 nouveaux propriétaires et l'extension du mouvement se poursuit sous nos yeux, diminuant le nombre des prolétaires qui n'ont souvent pas de meilleure ressource que l'émigration.

Dans ce pays pastoral, presque sans industrie, il y a peu de villes qui soient autre chose que des marchés locaux. Cork au sud a 76 m. h. **Dublin** (431 m. h.) à l'abri des monts Wicklow, au débouché de la plaine irlandaise et au voisinage de la Mersey, chemin de Londres, a quelques usines et un port dont le trafic est le tiers de celui de toute l'Irlande (4 M. de tonneaux).

2° L'**Irlande du Nord** (15 m. kmq., 1 250 m. h.), comprend 6 comtés dont 4 ont 54 à 76 p. 100 de protestants. La majorité descend de colons écossais et anglais, fidèlement attachés à l'Angleterre. Le pays a un relief moins élevé, un sol beaucoup plus varié que l'Irlande du Sud avec les roches volcaniques de la Chaussée des Géants, des terrains crayeux étendus et la dépression lacustre du Lough-Neagh. De belles prairies, des champs de blé et surtout de lin sont les premières ressources agricoles. Trois industries

sont très prospères : la filature, le tissage et le blanchiment
des toiles, les constructions navales, les fabriques de gly-
cérine et de savon. Elles ont permis un groupement urbain
égal au 1/3 de la population totale. **Belfast** (425 m. h.) a
85 m. ouvriers du lin, 25 m. ouvriers dans ses chantiers
maritimes, sans compter ceux des usines de produits chimiques, de ses fonderies, de ses fabriques de chaussures
et de ses industries alimentaires. La vie économique est
donc bien plus intense que dans l'Irlande du Sud : aussi la
population atteint-elle 83 h. au kmq. et l'émigration est-
elle inexistante.

III. — L'Ecosse.

L'Ecosse : 78 m. kmq., et 4,9 M. habitants est
très montagneuse sauf dans sa partie la plus étroite où
s'allonge une plaine peuplée de 3 500 m. h. Les **Hautes
Terres** (Highlands), coupées en deux par le canal calé-
donien sont formées de schistes cristallins et de granits qui
montent à 1 343 m., de grès rouges pittoresques et de
laves basaltiques. L'érosion glaciaire a usé les roches, approfondi les vallées, creusé partout des lacs et des criques,
buriné les fjords et les îles de la côte occidentale. Sommets
monotones, sans arbres, échancrures aux flancs abrupts au
fond desquelles courent des fleuves parmi les champs, les
landes et les tourbières tels sont les caractères du paysage.
Sur la côte, de basses terrasses sont les sites avantageux de
la plupart des cultures et des agglomérations humaines.
Dans ces pays brumeux et frais, la pomme de terre, l'orge
et l'avoine, les raves sont seuls cultivés. Il y a des moutons
partout, des bœufs dans les terres les moins froides. La
pêche du hareng et les industries d'Aberdeen (158 m. h.)
ajoutent quelques ressources à ce pays isolé, dont les habitants déjà peu nombreux (Sutherland, 3,5 au kmq.) émigrent
dans les plaines et aux colonies.

Les **Basses Terres** (Lowlands) drainées par le Forth et
la Clyde, terres d'alluvions remblayées de boues glaciaires
sont plus hospitalières. L'Est a un sol plus fertile, un climat
plus clément, une situation plus avantageuse et les villes

les plus anciennes. Les grandes fermes y pratiquent une agriculture savante, céréales, plantes sarclées, cultures maraîchères et fleurs. Dundée (168 m. h.) file le jute et le lin, **Edimbourg** (420 m. h.) sur ses trois collines est la capitale intellectuelle, Leith le port principal. L'Ouest a le sol plus pauvre, mais recèle des mines abondantes de houille et de fer. Sur la Clyde, améliorée par d'immenses travaux, s'échelonnent **Glascow** (1035 m. h.) avec les villes de sa banlieue Grenock, Paisley, etc. Il y a là des hauts fourneaux, des fabriques de locomotives, de ponts métalliques et d'autos, des verreries et des poteries et surtout d'énormes chantiers de constructions navales et des tissages de cotonnades. C'est la région industrielle la plus septentrionale de la Grande-Bretagne. Elle est bordée au sud par les monts Cheviot, moins rudes que les Highlands et contigus à la chaîne Pennine anglaise.

III. — L'Angleterre.

L'Angleterre a 38 M. d'habitants et 150 m. kmq. L'Ouest est formé par la Chaîne Pennine, le pays de Galles, la Cornouaille, vieilles montagnes usées au sol pauvre sous un climat humide, au sous-sol riche en mines qui sont l'origine d'un énorme développement industriel. L'Est est une région plus basse de roches variées disposées en auréoles autour de Londres; les terres riches y côtoient les campagnes crayeuses, mais les pluies encore abondantes, et la luminosité plus grande favorisent partout les cultures; par contre, les gîtes métalliques et houillers font défaut et seule la Tamise avec son port de Londres a permis une grosse agglomération urbaine, L'Ouest est resté longtemps isolé presque désert, confiné dans la vie pastorale. L'Est au contraire, face à l'Europe, fut très anciennement civilisé et couvert de villes, tandis que vivait dans ses châteaux une aristocratie active au sein de ses campagnes prospères. Cette Angleterre orientale n'a pas perdu sa suprématie intellectuelle et artistique, mais elle a été au point de vue économique dépassée par les progrès des industries minières, métallurgiques et textiles de la rude et brumeuse Angleterre occidentale.

1° **La Chaîne Pennine** correspond à la partie la plus étroite de l'Angleterre : c'est un plateau peu élevé (892 m.) abrupt vers l'ouest, dominé au nord par le Cumberland volcanique où dorment des lacs pittoresques, et bordé de chaque côté par une zone houillère. La culture de l'avoine n'y dépasse pas 200 m. d'altitude. Partout des landes avec des bruyères, des myrtilles, des fougères, terrains de chasse ou d'élevage. Les vallées pénètrent profondément le massif que percent de part en part des canaux. Les villes se sont établies à la lisière, dans le terrain houiller au contact des plaines.

2° A l'est de la Chaîne Pennine se succèdent les plaines de la Tyne, de l'Ouse (York), du Trent ; les crêtes jurassiques et crétacées perméables ; la côte en voie de régularisation avec les estuaires de l'Humber et le golfe du Wash. Ces régions relativement sèches, balayées par des vents froids ont de grandes fermes où l'on élève à l'ouest des chevaux et des bœufs et à l'est des moutons à côté des champs de blé, d'orge et d'avoine. La houille a créé deux centres industriels très importants. Sur la **Tyne** la **Wear** et la **Tees**, métallurgie et chantiers maritimes. Newcastle (275 m. h.) est le premier centre industriel et le grand port d'exportation du charbon, Sunderland (159 m. h.) a des usines de produits alimentaires, Middlesborough (131 m. h.) des fabriques de machines. Dans le **Yorkshire** la houille est utilisée sur place, pour l'industrie de la laine et la métallurgie. Bradford (285 m. h.) a la spécialité des draps fins, velours, étoffes d'ameublement. Sheffield (490 m. h.) fabrique des plaques blindées, des machines, de la quincaillerie (couteaux). Leeds (458 m. h.) fait à la fois des lainages, de la confection et de la métallurgie. Sur l'Humber, Hull dessert cette zone extrêmement active et très peuplée et Grimsby est le premier port de pêche de l'Angleterre : 170 m. t. de poissons en 1922.

3° A l'ouest de la Chaîne Pennine s'étend la plaine du **Lancashire** basse et humide dans laquelle s'ouvre le large estuaire de la Mersey. Ici règne depuis deux siècles le coton. **Manchester** (730 m. h.), au centre, relié à la mer par un canal de 8 m. de profondeur, est le marché principal de ce textile que filent, tissent et teignent autour d'elle une dizaine de villes de plus de 100 m. h. (plus de 600 m. ouvriers). **Liverpool** (803 m. h.) aligne ses maisons de briques le long de 13 km. de quais sur l'estuaire dragué et approfondi de la Mersey en face de Birkenhead. Les navires emportent vers tous les pays du monde, les émigrants des Iles Britanniques, les fils et les tissus, en ramènent le coton, la laine et le caoutchouc, les denrées alimentaires dont il ravitaille sa région et l'Europe. Son trafic représente en valeur le 1/3 des exportations et le 1/4 des importations de la Grande-Bretagne.

4° Le **Pays de Galles** est rude avec des montagnes de grès et de quartz escarpées et des pitons basaltiques. La lisière Sud est occupée par le plus grand bassin houiller anglais, le troisième comme production, aussi bien placé que celui de Newcastle à proximité de la mer. Cardiff (200 m. h.) avec son voisin Newport fournit de charbon l'Europe Occidentale, la Méditerranée et l'Afrique. Swansea (157 m. h.), exporte l'anthracite, travaille le cuivre, le zinc et le fer blanc, raffine le pétrole. A l'intérieur Merthyr est la ville de l'acier.

5° Au sud de la Severn et du canal de Bristol s'allonge jusqu'aux Sorlingues la péninsule de **Cornouaille**. Les gneiss y portent des landes, les schistes des cultures. Plymouth (210 m. h.) dans une rade profonde est un grand port de guerre.

6° Les **Middlands** constituent entre le Lancashire et le bassin de Londres une région de molles ondulations qui partage ses eaux entre le Trent et la Mersey. Ils ont l'avantage de posséder un important bassin houiller, du fer, des argiles pour la céramique et d'être desservis facilement aussi bien par Bristol que par Londres et par Liverpool qui apportent les minerais espagnols et suédois : Au centre **Birmingham** (919 m. h.) et ses annexes fabriquent pour le monde entier les machines, les outils, la quincaillerie. Au Nord, Stoke

(240 m. h.) est spécialisée dans les produits céramiques, poteries, tuiles, tuyaux, faïences et porcelaines; Nottingham (263 m. h.) et Derby (129 m. h.) le sont dans la bonneterie.

7° **Plaine de Londres.** — Entre les Middlands et la Tamise moyenne on voit s'aligner les Cotswold Hills, collines jurassiques sèches, riches en sources et en pierres à bâtir, la dépression des marnes oxfordiennes suivie par l'Ouse, la lande crayeuse des Chiltern Hills, puis des sables et argiles tertiaires où voisinent la lande et les bosquets, enfin les vertes alluvions du fleuve. La variété des terrains est cachée sous l'uniformité des boues glaciaires qui partout recouvrent le sol. Ce pays agricole et pastoral est parcouru de voies d'eau et de fer qui viennent converger vers **Londres.**

La capitale anglaise avait au xvii° siècle 700 m. habitants : elle en a aujourd'hui 4,5 M. et 7,5 en comptant de Willesden à West-Ham les 12 villes de sa banlieue. Le vieux pont de la Tour donne entrée dans la cité, centre des affaires. Westminster quartier officiel, West-End avec ses grands parcs, Eastend avec ses usines et ses maisons ouvrières, Greenwich et Battersea au sud du fleuve entourent la cité. A l'est du pont commence le port, balayé par la marée qui s'y élève jusqu'à 7 mètres : les navires y chargent et déchargent en plein courant ou dans les bassins; les docks principaux se trouvent à l'intérieur de deux boucles du fleuve et les brouillards et les bancs de sable gênent souvent la circulation des gros navires pour lesquels des installations ont été faites à Tilbury à 35 km. en aval. Le trafic atteint 40 M. de tonneaux de jauge nette (1923), le 1/3 du total des Iles Britanniques. Londres a été longtemps à cause de ses relations avec toutes les parties du monde un entrepôt immense des soies, des laines, du thé, des épices, etc., qu'elle réexportait ensuite dans toutes les directions : ce rôle diminue chaque jour grâce aux progrès des ports du Havre, d'Anvers, de Rotterdam et de Hambourg qui desservent directement l'Europe continentale. Il reste le port de ravitaillement en céréales, légumes, viandes, beurres, produits coloniaux de la première agglomération du monde et

un gros centre d'industries variées (alimentaires, ameublement, imprimerie, lainages, etc.). Il est enfin en même
temps que la capitale politique le premier centre financier
de l'Europe. Sa fortune énorme paraît se stabiliser et s'accroît moins vite que celle de quelques-uns de ses rivaux.

8° **L'Angleterre méridionale.** — Elle est constituée
par un bombement crayeux (300 m.) décapé dans sa partie
orientale où affleurent les grès et les argiles. Sur la craie
aux horizons découverts et au sol fissuré, se sont établies
de grandes fermes où l'on élève le mouton (Downs). Sur les
argiles, encore partiellement boisées, l'occupation humaine
est plus récente : le voisinage du gros marché de Londres
fait prospérer l'élevage des volailles et celui du gros bétail
pour le beurre, le lait et la viande. Les plaines qui s'incli-
nent au Nord ont une grande variété de cultures entre les
haies vives : céréales, houblon et surtout légumes. La côte
sud et l'île de Wight ont des jardins et des vergers. En dehors des cités historiques comme Canterbury, l'Angleterre
du Sud a surtout des ports sous la dépendance économique
de Londres. Portsmouth est un port de guerre, Southampton
un port de voyageurs, Brighton et Ramsgate sont des stations balnéaires, Newhaven, Folkestone et Douvres sont en
relations régulières avec Dieppe, Boulogne et Calais.

V. — Vie économique.

La Grande-Bretagne nourrit 1/3 de sa population avec les
produits de son sol et les 2/3 avec les bénéfices de ses industries et de son commerce. Elle ne produit en céréales que
le 1/5 de sa consommation normale : avoine 1/2, blé 1/4,
orge 23/100 de la surface cultivée. La récolte de pommes
de terre n'est que de 40 à 50 M. de qx. Le discrédit de
l'agriculture s'explique par l'humidité souvent excessive du
climat, par le développement de la grande propriété
(69 p. 100 des domaines ont plus de 40 ha.; France
44 p. 100), par le manque de main-d'œuvre rurale, les prolétaires étant attirés vers les villes par les gros salaires. Les
mêmes causes favorisent l'élevage. Le bétail anglais est
nombreux, varié, réputé. Environ 12 millions de bovins

(Durham), 25 M. d'ovins (Dishley, Cheviot, Southdown),
4 M. de porcs. Leurs produits, viande, beurre, lait, etc., sont
nettement insuffisants pour la consommation nationale. La
Grande-Bretagne importe par énormes quantités non seulement les grains, les légumes et les fruits, mais la viande
frigorifiée d'Amérique et les beurres de France, de Hollande
et du Danemark.

La houille est une des ressources capitales de la Grande-
Bretagne, ses gisements sont abondants, bien placés
et donnent toute la gamme des variétés de charbon.
Les bassins de la Clyde, du Lancashire, du Yorkshire, et des
Middlands fournissent les centres industriels, ceux du Nor-
thumberland et du pays de Galles sont destinés à l'exportation. La production oscille autour de 250 M. de tonnes, la
vente à l'étranger étant d'environ 1/4 du total. Le commerce du charbon (92 M. livres en 1924) assure à la flotte
un précieux fret de départ et un produit d'échange sur
presque tous les marchés. Il est aujourd'hui gravement me-
nacé : l'épuisement des gisements peu profonds, la défec-
tuosité de l'outillage, le rendement insuffisant du mineur
et l'abondance du capital à rémunérer augmentent le prix
de revient, cependant que les Etats déficitaires s'efforcent en
exploitant intensivement leurs mines de réduire leurs besoins d'achat. C'est un gros souci pour l'avenir de l'Angleterre.

La métallurgie et les industries textiles sont très anciennes
dans ce pays qui a inventé la fonte au coke et les machines
à filer et à tisser. Les gisements de fer sont nombreux,
mais ils s'épuisent : les principaux sont aujourd'hui ceux
d'York, des Middlands et du Cumberland (1923 : 10,8 M. t.
de minerais). L'importation d'Espagne, d'Algérie, de France
et de Suède est nécessaire. Lingots, rails, machines, quincaillerie des Middlands, de la Tyne et du pays de Galles
s'écoulent difficilement à cause de leurs prix élevés. Les
constructions navales constituent un gros débouché pour
les produits métallurgiques. Elles ont fourni en 1924 un
tonnage de 1 490 m. tonneaux, dont 500 sur la Clyde et
275 vers Newcastle et Middlesborough.

Les lainages sont la plus vieille industrie textile de ce pays qui fournissait au moyen âge à la Flandre les toisons de ses moutons. Aujourd'hui 8 M. de broches dans le Yorkshire, à Glascow (châles) et à Nottingham. L'importation de l'Australie et de la Plata fournit la plus grande partie des laines brutes et Londres reçoit dans ses bassins pour la redistribuer plus de la moitié de la laine travaillée par toutes les usines du globe.

L'industrie lainière est largement dépassée par l'industrie cotonnière : 800 000 métiers et plus du tiers des broches en service dans le monde. Les 2/3 du coton viennent des Etats-Unis. Or ceux-ci augmentent sans cesse leurs filatures sans accroître leurs plantations, que gênent les maladies parasitaires et les difficultés du recrutement de la main-d'œuvre. Aussi l'Angleterre fait-elle un gros effort pour développer la culture du précieux textile, dans les Indes, en Egypte et au Soudan, dans l'Ouganda, le Nyassaland et la Nigeria : elle suffit ainsi actuellement au quart de ses besoins. Le Lancashire est le centre de la production et du commerce des cotonnades. Ici encore sévit depuis la guerre une crise de mévente due aux tarifs prohibitifs derrière lesquels s'isolent les Etats et à la multiplication des usines continentales.

Il apparaît ainsi que la suprématie industrielle et commerciale de la Grande-Bretagne est aujourd'hui sérieusement attaquée. Houille, métallurgie, textiles n'arrivent pas à leur production d'avant-guerre. Le chômage persistant atteint plus d'un million d'ouvriers. Les Anglais ont cependant grâce aux bénéfices d'une prospérité séculaire des réserves financières considérables et ils disposent de la première flotte et du plus bel empire colonial du monde.

CHAPITRE IV

La Belgique et les Pays-Bas.

————

1° La Belgique.

I. — Sur la rive gauche du Rhin, le traité de Versailles consacre des modifications territoriales en faveur de la Belgique. Du Luxembourg jusqu'à la hauteur d'Aix-la-Chapelle, la Belgique reçoit un territoire de 1 000 kmq. et de 65 000 habitants : le cercle de Malmédy-Saint-Vith (35 m. h.) parle le wallon dans 34 communes ; le cercle d'Eupen (26 m. h.) a un dialecte voisin du flamand, et son industrie lainière est dans le rayon de Verviers ; Moresnet neutre et Moresnet prussien sont également cédés avec leurs mines de zinc (5 m. h.). Ces pays forestiers, d'agriculture pauvre, ont accepté à la quasi-unanimité leur annexion. De plus le Luxembourg est exclu du Zollverein : depuis le 1er avril 1922 il a réalisé avec la Belgique l'union douanière. Enfin le traité du 3 avril 1925 avec les Pays-Bas reconnaît l'abrogation de la neutralité belge et accorde à la Belgique des facilités d'accès à l'Escaut, à la Meuse et au Rhin : agrandissement du canal de Gand à l'Escaut (Terneuzen), autorisation de créer un canal d'Anvers à Mœrdijk sur le Waal et d'un grand canal entre Anvers et le Rhin vers Duisburg avec raccordement à la Meuse à Venlo. La Belgique est ainsi assurée de sa pleine indépendance politique et économique et pourra participer largement au trafic rhénan.

Elle est un Etat de 30 500 kmq avec 7 650 m. habitants. Les plaines belges sont le point de contact des civilisations latine et germaniqne. Les populations parlent le français au sud d'une ligne allant de Courtrai à Bruxelles, Tirlemont et Liège, c'est-à-dire dans l'Ardenne et les régions industrielles, le flamand ailleurs c'est-à-dire surtout dans la région maritime et le Limbourg : les deux langues sont officielles. Bruxelles au point de contact des deux idiomes et au centre de la Belgique est la capitale naturelle du pays.

II. — 1° Au sud de la Sambre et de la Meuse, l'**Ardenne** belge est un plateau froid et monotone de grès et de schistes culminant au Hohe Venn (695 m.), recouvert de marécages (fagnes), de forêts et de maigres pâtures à moutons. Les vallées (Meuse et Ourthe) sont profondes, pittoresques, et permettent la pénétration de ce pays peu accessible. Elles sont avec les régions bordières beaucoup plus peuplées que les croupes recouvertes de bois ou de landes. Au sud l'Ardenne finit sur les terrains liasiques riches en fer qui contiennent le bassin lorrain (Longwy) et luxembourgeois (Esch) : elle y possède quelques usines métallurgiques. Au Nord l'altitude diminue, le paysage devient moins sévère, le climat moins âpre dans le Pays de Herve (Verviers) et le Condroz (Dinant) : les roches calcaires ou schisteuses portent de bonnes prairies. De plus le sous-sol contient du zinc et du charbon. Les gisements de zinc extrèmement importants sont à Moresnet près de la frontière allemande : plusieurs entreprises extraient la blende et la calamine, réduisent le minerai et fabriquent des produits en zinc; les 2/3 du métal brut, environ 60 à 100 m. t. sont exportés. Les vallées, rectilignes de la Sambre et de la Meuse, celle de la Haine sont tracées en lisière de l'Ardenne dans une dépression ancienne au fond de laquelle se sont accumulées les couches de houille. Les mines se succèdent nombreuses autour de Mons et de Charleroi, éparses ensuite de Namur à Seraing. La production atteint 20 M. de tonnes. L'anthracite est en grande partie exporté vers la France. Le charbon alimente une industrie très active. Plus de la moitié des hauts fourneaux belges sont autour de Liège-Seraing et de

Charleroi. Le lavage, la filature, le tissage de la laine sont la grande occupation de Verviers. Les verreries et les faïenceries abondent autour de Mons et Charleroi. La bande houillère a une population très dense : le Hainaut et le Pays Liégeois ont plus de 300 hab. au kmq. Là se succèdent les mines, les hauts fourneaux, les usines autour de nombreux bourgs ouvriers et d'une dizaine de villes dépassant 20 m. habitants : Liège, la tête de la Wallonie (230 m. habitants) avec ses faubourgs ; Namur (34 m.) au carrefour de voies d'eau et de terre, Charleroi et Mons (27 m.) au cœur du pays noir.

2° La Belgique Moyenne étale ses collines et ses plateaux tertiaires recouverts d'un limon fertile sur le Hainaut, le Brabant et le Limbourg. L'Escaut et ses affluents de droite (Senne et Dyle) canalisés et réunis par des canaux ont depuis longtemps facilité la circulation intérieure. De plus, entre l'Ardenne et la mer, ce pays a de tout temps été une grande voie d'invasions et de rencontres de peuples ainsi qu'en témoignent la différence de dialectes et les noms de Fleurus, Jemmapes, Waterloo. Les grosses fermes sont entourées de champs de blé, de betteraves et aussi de prairies où paissent les bœufs et les vaches. Les petits domaines sont très nombreux et s'adonnent aux cultures les plus diverses : céréales, betteraves, pommes de terre, cultures maraîchères, florales et fruitières, tabac, houblon, chanvre, etc. Beaucoup de Belges vont travailler dans les mines et les usines et reviennent chaque soir ou chaque semaine dans leur village où ils participent aux travaux agricoles. Mais la fertilité du sol et la science agricole ne sauraient suffire à nourrir la population très dense (Brabant, 480 au kmq). La houille est exploitée sous les terrains tertiaires (1 M. t.). La vie urbaine, industrielle et commerciale est très développée. **Bruxelles** (787 m. h., avec les douze communes adjacentes, occupe la croisée de routes et de voies ferrées entre la transversale Bruges-Gand-Liège et les lignes méridiennes Anvers-Namur et Anvers-Mons conduisant vers la Hollande, le Rhin, la Meuse et l'Oise. Capitale ancienne des ducs de Bourgogne qui l'embellirent, elle est aujourd'hui le premier centre politique, intellectuel et financier du royaume. Depuis 1922 un canal de 6ᵐ50 de mouillage, unit à la Ruppel et à Anvers ses trois bassins qui peuvent recevoir des navires de 3 000 t. L'accès à la mer va accroître l'activité industrielle déjà intense de ses faubourgs. Malines (60 m. h.) est le siège de l'archevêque-primat, Louvain possède une Université.

3° **La Basse Belgique** est une large plaine basse, au sol peu fertile : l'écoulement des eaux n'y est pas facile. La Flandre argileuse aux buttes de sable ne doit sa prospérité agricole qu'aux améliorations séculaires réalisées par ses habitants. Le pays de Waes entre Gand et Anvers a un débouché naturel pour ses productions variées dans la proximité des grandes villes belges. La Campine est restée partiellement couverte de landes et de bois : depuis quelques années a commencé l'exploitation dans son sous-sol de la houille profonde qui continue vers le Nord le bassin de Liège et d'Aix-la-Chapelle. Un supplément important de ressources est demandé à l'industrie textile qui a fait depuis des siècles la renommée des « villes drapantes ». Gand au confluent de la Lys et de l'Escaut monopolise presque les cotonnades et travaille aussi les autres textiles. Courtrai et Tournai ont des filatures. Bruges (52 m. h.), au bord de ses canaux d'eau morte, conserve d'admirables monuments du passé, et le tissage du lin : son port doit un renouveau d'activité au nouveau canal qui l'unit à Zeebrugge sur la mer du Nord.

La mer contribue grandement à la fortune de la Basse Belgique. Elle a apporté les fertiles alluvions côtières que le dessèchement à l'abri des dunes a transformé en polders où l'on élève le gros bétail. Elle attire sur ses plages d'été d'innombrables touristes. Elle fait vivre Ostende (44 m. h.) et **Anvers** (300 m. h.). Le premier est un port de pêche, un port des voyageurs pour l'Angleterre, une des gares de départ vers les voies ferrées des Alpes et des pays méditerranéens. Le second est la métropole commerciale de la Belgique, un des « pier » (en flamand *môle*) de l'Europe et un des grands ports du monde. A 88 km. de l'embouchure de l'Escaut, il allonge ses 27 km. de quais sur la rive droite du fleuve et autour de 20 bassins qui recouvrent 855 ha. Il est plus accessible que Rotterdam (l'Escaut a 8 m. de profondeur à marée basse) et pénètre plus profondément que lui vers l'intérieur. Il monopolise presque le commerce du bassin de l'Escaut; il participe largement à celui du Rhin : en attendant le canal direct vers Duisbourg, le canal de Hansweert à travers Beverland le met en relations avec le grand fleuve. Les voies d'eau et le chemin de fer lui permettent de concurrencer Dunkerque pour le ravitaillement de notre région du Nord, le Havre et Rotterdam pour celui de la Lorraine et de l'Alsace, Rotterdam pour celui de l'Allemagne et de la Suisse. La colonie du Congo contribue aussi à sa fortune. Son outillage formidable (450 grues, 6 élévators pour céréales, 6 cales sèches, des citernes pour le pétrole, 400 km. de voies ferrées) peut suffire à un trafic de 20 M. de tonnes de marchandises. Le tonnage net des navires entrés et sortis a atteint en 1924 : 38 M. de tonneaux.

III. — La Belgique occupe malgré sa petite étendue une place importante dans la vie économique du continent. L'agriculture très soignée n'arrive pas à fournir plus de 40 p. 100 de la subsistance de la population la plus dense de l'Europe. Entre 1914 et 1924, la production des céréales et de la pomme de terre a diminué d'un huitième, le cheptel d'un septième (1 628 m. bovins seulement). La terre est chère et consacrée de plus en plus aux cultures industrielles, betteraves, lin, tabac, chicorée, et à l'horticulture. L'industrie est puissante. Les bassins houillers ont fourni en 1924 : 23 M. de tonnes, les cokeries 4 160 m. t. autant que celles de la France. Le minerai de fer n'abonde guère (90 m. t. en 1924). Mais le bassin du Luxembourg est proche : sa production est de 2 M. de tonnes de fonte, et de 2 M. de t. d'acier. Partout des usines textiles, lainières, cotonnières, linières, la bonneterie et la dentelle. Très importants aussi les produits alimentaires (bière, alcool, graisses, etc.), la céramique et la verrerie. La situation de la Belgique sur la mer du Nord, entre les trois plus grands États industriels de l'Europe favorise son commerce général d'autant mieux que le pays est merveilleusement équipé en voies fluviales, en canaux et en chemins de fer : ce commerce dépasse en 1924, 20 milliards de francs, 1/3 de celui de la France.

IV. Le **Grand-Duché de Luxembourg** (2600 kmq. et 260 m. habitants) est économiquement lié à la Belgique. Les pays de la Sure et de l'Alzette appartiennent à deux formations différentes.

Au Nord, les terrains primaires continuent l'Ardenne belge avec des bois et de pauvres cultures : le sous-sol fournit des ardoises. Au Sud des croupes fertiles dans un pays fort pittoresque, continuent le plateau lorrain : là prospèrent le blé, les arbres fruitiers, les jardins et l'élevage. Les coteaux de Moselle ont des vignes et produisent des vins mousseux. Le sous-sol est très riche en fer. De Rodelange à Dudelange, l'extraction a dépassé 4 M. de tonnes en 1924, dont 1/4 a été exporté. La sidérurgie a utilisé le reste sur place et produit 1,5 M. t. en 1924 (2,5 M. en 1913) d'acier : c'est la principale industrie. Viennent ensuite les carrières (pierres de taille, pavés, pierres à chaux, plâtre, etc.), les briqueteries, la ganterie. Luxembourg, la capitale sur l'Alzette a des ateliers de construction mécanique.

2° Les Pays-Bas

I. — La frontière entre la Belgique et les Pays-Bas est entièrement artificielle : elle laisse aux Pays-Bas les bouches de l'Escaut et la rive droite de la Meuse jusqu'en amont de Maestricht. De part et d'autre c'est la même langue qui est parlée et ces terres ont été longtemps réunies sous la domination bourguignonne puis espagnole. La surperficie des Pays-Bas est de 34 m. kmq, et la population de 7 250 m. habitants. L'accroissement annuel est de 16 p. 1000, un des plus considérables de l'Europe, à cause de la forte natalité et des progrès de l'hygiène qui diminuent la mortalité.

Les Pays-Bas sont la partie la plus déprimée de la grande plaine européenne en bordure de la mer du nord.

1° Le **Limbourg** méridional, à la lisière des montagnes de l'Allemagne moyenne, est un pays de collines calcaires qui s'élève au maximum à 210 m. ; il a des bois, des prairies et des champs; il exploite ses carrières de pierre et ses mines de houille. Depuis la guerre, l'ouverture de nouveaux puits sur le prolongement Nord du bassin d'Aix-la-Chapelle a porté la production à plus de 4 M. de tonnes (1924). Maestricht sur la Meuse a 56 m. habitants.

2° Partout ailleurs, l'intérieur est recouvert **de landes** et de **tourbières** : La Campine septentrionale, la Veluwe entre le Rhin et l'Ijssel (+ 107 m.), le pays de Drente au N.-E. sont formés de rides sablonneuses et sèches, portant les traces d'anciennes moraines glaciaires et pauvres en ressources : des bois, des bruyères, des moutons, quelques cultures. Les marais de Peel et de Bourtange à l'est de ces croupes aplaties sont d'immenses tourbières presque désertes et infranchissables. Tilbourg (61 m.) et Bois-le-Duc (40 m.) sont des marchés agricoles et des centres textiles.

3° A côté de ces pauvres terres agricoles, les **alluvions** du Rhin et de la Meuse forment à travers les Pays-Bas une large bande où prospèrent le seigle et l'avoine, la betterave et la pomme de terre, le lin, le colza, la chicorée, les fleurs et les légumes, où les prairies nourrissent de grands troupeaux de vaches. Fleuves, rivières et canaux s'y croisent en un réseau serré, précieux pour la circulation. Le Rhin y coule vers l'Ouest en deux puis trois bras (Waal, Lek. Vieux Rhin) et envoie vers le Zuiderzée le Vecht et l'Ijssel La Meuse le suit parallèle et lui envoie par un bras une partie de ses eaux. L'embouchure du Rhin à Hoek van Holland, celle de la Meuse ont été entièrement créées par l'homme. L'Escaut en aval d'Anvers se jette dans un vaste golfe entre des îles plates : son bras principal (de Hont) permet la grande navigation. Les villes sont toutes dans la dépendance des fleuves : Arnhem est à la naissance de l'Ijssel et Nimègue lui fait face sur le Waal. Utrecht 146 m. touche au Vecht et au Vieux Rhin (textiles. Sur le Lek, Rotterdam (516 m. h.), sur le Waal Dordrecht sont reliés par une voie d'eau. Sur l'Escaut occidental, Flessingue terminus d'une voie ferrée et en relation avec l'Angleterre n'a pas gêné l'expansion d'Anvers. Près de l'embouchure du Vecht, au fond du Zuiderzée sur le golfe de l'Ij, **Amsterdam,** pénétré de toutes parts par ses canaux concentriques, est le grand port de la Hollande septentrionale : un canal l'unit à Ijmuiden sur la mer du Nord, un autre l'unit à l'embouchure du Rhin. Son ancienne fortune est due à la pêche du hareng, à la compagnie des Indes Orientales et aussi à la tolérance qui attirait chez elle les réfugiés juifs ou calvinistes et en fit avec ses imprimeries un foyer intellectuel très ardent en Europe. Amsterdam, capitale des Pays-Bas, gros marché de capitaux, vit aujourd'hui du trafic des produits coloniaux néerlandais (sucre, épices, quinine, étain, etc.) et des bénéfices du ravitaillement national. **Rotterdam** l'a largement dépassé, grâce au commerce international du Rhin. Vapeurs et péniches débarquent sur ses 48 km. de quais, le charbon, les fers, les aciers, les produits ouvrés de l'Allemagne et y chargent les minerais, le pétrole, les céréales, le sucre destiné aux villes rhénanes. Des industries variées (tapis, margarine, etc.) accroissent son commerce spécial. D'énormes travaux de voirie ont été nécessaires pour créer sur ces terrains bas un port muni de grands bassins et de voies ferrées capables de recevoir un tonnage presque égal à celui d'Anvers. Grâce à leurs ports fluviaux les Pays-Bas connaissent ainsi le grand commerce maritime.

4° Une grande partie des Pays-Bas maritimes, de l'Escaut au golfe du Dollart est au-dessous du niveau des mers et a dû être conquise par une lutte séculaire La ceinture de hautes dunes qui barre partout la côte a été depuis le xiiᵉ siècle percée de part en part et les eaux ont recouvert le Dollart, le Lauwerzée, le Zuiderzée et le Biesbosch : les îles frisonnes sont les témoins de l'ancienne côte. Des digues et des lignes de pieux protègent aujourd'hui le rivage. Des canaux innombrables drainent les anciens lacs et marécages devenus des « **polders** » fertiles. Le plus grand nombre des vaches et des bœufs hollandais au pelage blanc et noir vivent dans ces grasses prairies à fleur d'eau. Les céréales, le lin, les légumes et les fleurs (tulipes, narcisses, roses, etc.) alternent avec les prés. Les fermes entourées d'arbres et les moulins à vent se détachent sur l'horizon monotone sous un ciel souvent brumeux. On achève le dessèchement des marais de Haarlem, demain commencera celui du Zuiderzée. A l'abri des dunes se succèdent les villages de pêcheurs et quelques villes : Haarlem (fleurs), Leyde (Université), Delft, et surtout **La Haye** (S'gravenhage) (366 m. h.), ville officielle très élégante avec de belles et calmes avenues, des palais, des musées et à proximité la belle plage de Scheveningen. Vers l'intérieur au contact des terres sèches se sont bâties d'autres villes : la plus grande est au nord Groningue (94 m. h.).

II. — Les Hollandais ont su par leur travail tenace tirer admirablement parti d'une terre ingrate. La bataille permanente contre la mer a fait d'eux des marins expérimentés. Ils ont une des premières flottes d'Europe et un empire colonial de 50 M. d'hab. dont la perle est Java. La pêche dans les estuaires, sur le Zuiderzée et la mer du Nord occupe 5 500 bateaux et fournit en abondance les harengs, les anchois et les soles. La longueur des voies d'eau intérieures (2 500 km.) est une concurrence sérieuse pour les chemins de fer (3 400 km. contre 9 500 en Belgique). La ressource capitale du sol est l'élevage : 2 M. de bovins, 1,5 porcs, 360 m. chevaux, 668 m. moutons en 1921 : il alimente le marché national et les pays voisins en beurre, fromages (gouda) et viande. Les principales cultures sont celles destinées à l'exportation (fleurs et fruits) ou aux fabrications industrielles (betterave et pomme de terre, lin, colza, etc.). Les ports ont aussi quelques usines grâce à l'arrivée des houilles étrangères et des produits coloniaux. Pays de marins et de pêcheurs, d'éleveurs et d'agriculteurs modèles, les Pays-Bas jouent malgré leur petitesse un rôle économique très honorable parmi les nations.

CHAPITRE V

La France.

I. — Les acquisitions de la France ont une importance considérable. **L'Asace-Lorraine** (14 500 kmq.) est réintégrée dans l'unité française. La région de la **Sarre** (1 920 kmq.) est enlevée à la Prusse et à la Bavière : elle est englobée dans nos douanes, et ses mines de charbon nous sont cédées à perpétuité; son administration est confiée à la Société des Nations jusqu'au plébiscite en 1934. Quelle est la valeur de nos gains?

a) Un appoint sérieux de population. Les anciens départements du Haut-Rhin, du Bas-Rhin et de la Moselle comptaient en 1910 : 1 792 m. d'hab.; depuis 1871, l'immigration allemande comblait les vides produits par l'émigration des Alsaciens-Lorrains. La France comptait 39 600 m. habitants en 1914 : les pertes du fait de la guerre (mort de combattants, excédent des décès sur les naissances) dépassent 2 500 m.; le nombre des étrangers a augmenté de 400 m. Le retour des deux provinces compense les quatre cinquièmes du déficit. France en 1921 : 39 210 m. habitants; en 1924 : 40 M.

b) 1. Le bassin de **fer de Lorraine**, actuellement le plus riche de l'Europe, devient tout entier français. En 1913, la France a produit 22 M. de t. de minerais, dont 20 provenaient de Briey, Longwy, Nancy; l'Allemagne 29 M. de t., dont 21 de la rive gauche de la Moselle. Quand l'industrie minière sera revenue à la prospérité d'avant la guerre, notre pays, avec 41 M. de t., ne sera dépassée que par les États-Unis. Les gisements s'étendent sur 100 m. Ha. environ, à la limite supérieure des terrains liasiques. La « minette » contient 35 à 40 p. 100 de fer, moins que les minerais de Normandie, d'Espagne et de Suède ; elle est phosphoreuse et utilisable seulement depuis la découverte des procédés de déphosphoration Thomas-Gilchrist. Les capitaux français et les firmes allemandes ont installé à proximité de la matière première de nombreuses usines métallurgiques. Les deux tiers de la fonte, la moitié de l'acier français provenait en 1914 de la zone qui va de Mont-Saint-Martin et Jœuf jusqu'à Frouard. Le centre sidérurgique de Moyeuvre, Hayange, Thionville, était le plus important après la Ruhr.

2. La production du **sel** de Dieuze, Vic et Château-Salins accroît d'un tiers celle de la France.

c) La possession de l'Alsace nous donne une **riche plaine** agricole, des gisements de potasse et de pétrole, un centre cotonnier important et l'accès au Rhin.

1. Les terrasses limoneuses qui bordent les Vosges sont le site d'élection des céréales, de la betterave, des vergers, du houblon, des jardins. La vigne couvre les derniers coteaux. Les prairies et les pâturages s'étendent des régions basses argileuses jusqu'aux sommets des montagnes. La fertilité du sol a amené l'aisance du paysan et une forte densité de population (plus de 100 au km.).

2. A l'ouest et au nord de Mulhouse on exploite depuis 1910 des gisements de **potasse** dont le volume est évalué à 1 000 M. de m³. Le minerai est préférable à celui de Stassfurt : sa teneur en chlorure de potassium est de 30 p. 100 ; il peut être utilisé comme engrais après broyage. Sous le régime allemand, les mines alsaciennes étaient soumises au Kalisyndikat qui ne leur réservait qu'un dixième de la production de l'Empire (40 m. t. en 1913). La France favorise au contraire l'exploitation intensive (250 m. t. en 1923) pour améliorer son agriculture et concurrencer à l'étranger la potasse saxonne.

3. Les gisements de **pétrole** que contiennent les sables oligocènes enfouis sous la plaine de basse Alsace, autour de Pechelbronn, ne fournissent actuellement qu'un quinzième de la consommation nationale (70 m. t. en 1923). L'huile minérale est recueillie par suintement dans des puits et galeries. Les réserves sont modestes (2,5 M. de t.). Cependant

ces mines, placées à proximité du Rhin, constituent un appoint appréciable pour l'industrie locale. Elles sont actuellement les seules exploitations ayant quelque importance en France.

4. La région mulhousienne pratique de vieille date les **industries textiles**; elle a contribué à les répandre dans les Vosges après 1871, grâce à l'afflux des Alsaciens optants: 20 p. 100 de la filature et du tissage du coton, 50 p. 100 de la teinture et de l'impression des étoffes en France se font en Alsace. Si on unit les deux côtés des Vosges en un même groupe manufacturier, on trouve qu'il représente la moitié de la production nationale. Pour la laine, Mulhouse avec 56 m. broches (16 p. 100) est au second rang après le nord de la France (43 p. 100).

5. **Strasbourg** est la grande ville commerçante à la jonction des voies de l'Alsace et de la France orientale. Le canal du Rhône et celui de la Marne au Rhin s'y réunissent. Depuis 1892, deux ports profonds de $2^m,60$ ont été creusés sur le canal entre l'Ill et le Rhin; le lit du fleuve a été aménagé (2 m.) jusqu'à Mannheim. Strasbourg, devenu le terminus de la navigation rhénane, avait en 1913 un trafic de 2 M. de t. : il distribuait les combustibles et les céréales, il exportait les produits manufacturés, les bois et les minerais de son arrière-pays. La création des deux ports de Kehl n'avait pas nui à sa prospérité. Le commerce vers l'amont est faible, mais des projets sont à l'étude pour l'établissement jusqu'à Bâle de barrages qui permettraient à la navigation d'atteindre la Suisse, tout en donnant une force estimée à 800 m. H. P. Les facilités de circulation ont amené à Strasbourg des industries nouvelles (constructions mécaniques, automobiles, etc.) à côté des industries alimentaires.

d) Le territoire de la **Sarre** est une pauvre région agricole, en dehors des vallées. Une large bande gréseuse boisée traverse le pays du S.-O. au N.-E. et recouvre le bassin houiller. Les mines appartenaient à l'État prussien et à plusieurs sociétés civiles; elles deviennent propriétés françaises avec toutes leurs installations. Elles s'étendent sur 150 m. ha. et débordent en Lorraine vers Forbach et Saint-Avold. Les exploitations actuelles s'échelonnent de Sarrebruck à Neunkirchen au N.-E. et descendent la vallée jusqu'à Sarrelouis : 66 puits d'extraction donnent une production annuelle de 14 M. t. et occupent 74000 ouvriers ou employés. Le charbon laisse beaucoup plus de cendres que celui de la Ruhr et fournit un coke insuffisamment résistant pour la fabrication de la fonte. Les hauts fourneaux l'utilisent cependant en le mélangeant avec du charbon gras westphalien. Les usines métallurgiques, les verreries, la céramique, occupent autour des mines 45000 ouvriers. L'occupation des mines de la Sarre fait donc entrer dans nos limites douanières une zone industrielle qui prolonge celle de Lorraine et nous fournit une portion notable de la houille qui nous est nécessaire. Nos besoins annuels sont (année 1913) de 65 M. de t. + 17 M. de t. pour l'Alsace-Lorraine et la Sarre = 82 M. de t. Ils sont couverts par la production nationale (45 M. de t.) + 14 M. de la Sarre. Il reste un énorme déficit à combler par les importations : l'Angleterre restreint de plus en plus ses envois, les Etats-Unis vendent de préférence aux pays qui leur donnent un fret de retour. Ainsi la France doit demander des millions de tonnes à l'Allemagne : la proximité de la Ruhr et les voies d'eau lui permettent d'obtenir à bon compte de l'excellent charbon métallurgique. La nécessité pour l'Allemagne de se fournir chez nous de minerai de fer, nous met à l'abri des exigences exagérées de nos voisins.

II. — La guerre a modifié profondément la vie économique de la France.

a) Elle a **diminué la force productrice** de la nation. Les pays dévastés produisaient le cinquième du blé, les trois quarts du sucre, 92 p. 100 du minerai de fer, 60 p. 100 du charbon et de l'acier, 75 p. 100 des toiles et cotonnades, 20 p. 100 des machines. En 1924, il y a environ 1 M. d'ha. de landes et de terrains incultes de plus qu'en 1914, la remise en état des mines et des usines n'est pas achevée.

1. De 1913 à 1924, la *surface cultivée* en blé a baissé de 1/6, en seigle de 1/4, en avoine de 1/8, en betteraves de 1/3. L'importation des céréales et du sucre s'est accrue en conséquence.

2. Le *cheptel* comprenait au 1er janvier 1924 :

13 745 m. bovins contre 14 807 m. en 1913.
9 925 m. ovins   —   16 213 m.   —
5 406 m. porcins —   7 048 m.   —

Le nombre des bœufs et vaches est revenu à peu près au chiffre de 1871, le nombre des moutons a continué de baisser mais avec plus de rapidité.

3. Les houillères ont mis cinq ans après la fin des hostilités pour retrouver leur production de 1913. La métallurgie ne l'a pas encore retrouvée : si dans les limites de 1914 les hauts fourneaux ont donné en 1924 autant de fonte qu'en 1913, les aciéries n'ont donné que 3,3 M. t. contre 4,6 M. t.

4. Pendant la guerre l'industrie linière a disparu, celle de la laine a baissé de 75 p. 100, tandis que la production des cotonnades et des soieries se maintenait à peine. Les industries de luxe ont vu se restreindre la clientèle étrangère, soit à la cause de la diminution générale de la richesse, soit par suite de prohibitions officielles.

b) **Des centres industriels se sont déplacés.** L'invasion du Nord et de l'Est a attiré dans la région lyonnaise, en Normandie, dans le Massif Central, etc., des chefs d'entreprise qui ont essayé de reconstituer les industries prisonnières : Lyon, Rouen, Mazamet, Voiron ont fabriqué de la laine. Les banlieues lyonnaise et rouennaise ont vu surgir des usines diverses. La pénurie de houille a fait rechercher davantage l'énergie électrique : 450 000 C.V. ont été installés de 1914 à 1918, 400 000 C.V de 1918 à 1921 ; sur ce total, 542 000 C.V. sont utilisés par la chimie et la métallurgie.

c) **Des industries ont été créées ou développées.** La fabrication des automobiles, auparavant surtout produits de luxe, s'est accrue en donnant des voitures et camions au commerce. Le désir d'échapper au monopole allemand et la nécessité ont profité aux industries chimiques (matières colorantes, produits ammoniacaux, acides minéraux, produits pharmaceutiques, etc.) et électriques (magnétos, accumulateurs, fils, etc). Paris et Lyon sont les principaux centres des fabrications nouvelles.

d) Le **commerce** français a changé d'allures :

1900	Imp. 4700 M.defr.	Export. 4100 M.defr.	Tot. 8800 M.defr.
1910	7170	6230	13400
1916	15150	5100	20250
1919	29770	8710	38480
1925	43980	45413	89393

Avant 1914, les importations dépassaient de 1/5ᵉ à 1/8ᵉ les exportations, mais la balance commerciale était favorable à cause des revenus des 50 milliards placés à l'étranger, des bénéfices de la marine marchande, etc. Par suite de l'arrêt de la production, les années de guerre ont vu croître démesurément les achats, qui sont devenus trois et quatre fois supérieurs aux ventes : la France s'est endettée vis-à-vis de l'Angleterre, des Etats-Unis et des neutres. Depuis 1920 on constate un accroissement énorme des exportations et un fléchissement sensible des importations : c'est un signe d'amélioration : cependant il faut remarquer que la diminution des entrées porte aussi sur les matières premières. L'énormité des chiffres du commerce ne doit pas nous faire illusion; il s'explique par la montée des prix. En fait si nous considérons le poids des marchandises au lieu de leur valeur, nous constatons que le commerce de 1925 est supérieur d'un quart à celui de 1913. De gros efforts sont faits pour favoriser le commerce extérieur : banques, sociétés d'études, etc.; Lyon, Bordeaux, Paris ont créé des foires d'échantillons; nos grands ports se modernisent et notre marine s'accroît.

La France, éprouvée par la guerre, a des ressources de premier ordre dans son agriculture, dans ses industries de luxe auxquelles s'ajoute la métallurgie de Lorraine, dans son empire colonial. Sa prospérité dépend de l'activité qu'elle déploiera pour les mettre en valeur (1).

---

(1) Le traité de Versailles a prévu la suppression des zones franches de la Haute-Savoie et du pays de Gex après entente entre la France et la Suisse. Le projet de convention du 7 août 1921 a été repoussé en Suisse par le *referendum*. Le 10 novembre 1923, les douaniers français ont été portés à la frontière politique. Par le compromis du 30 octobre 1924, les deux puissances ont remis la solution de leur différend à la Cour de 'a Haye.

CHAPITRE VI

L'Allemagne.

I. — *a*) A l'ouest, à l'est, au nord, l'Allemagne voit son territoire diminué. Les cessions du côté du Rhin représentent 17 500 kmq, et 2 500 000 habitants. Le report des limites du Zollverein à la frontière orientale du Luxembourg, met en dehors des douanes allemandes le bassin du fer de Differdange, Esch et Rumelange qui a produit, en 1913, 7 M. de t., transformées sur place en 2,5 M. de t. de fonte : c'est une aggravation de la perte des mines lorraines.

b) L'attribution du **Slesvig** septentrional au Danemark paraît peu importante. Le sud de la péninsule du Jutland est peuplé d'Allemands, qui, favorisés par l'annexion des duchés à la Prusse en 1866, n'ont cessé de progresser vers le nord, particulièrement dans les villes aux dépens de l'élément danois. Le plébiscite organisé dans la zone au nord de Flensburg et de l'île Sylt a donné les trois quarts des voix pour le rattachement au Danemark; au sud, les quatre cinquièmes se sont prononcés en faveur de l'Allemagne. La frontière a donc été établie depuis le golfe de Flensburg jusqu'à la mer du Nord, près de Hoyer. Les îles Rœmœ et Als deviennent danoises. C'est un pays humide, d'élevage, qui exporte du lait, du beurre, de la viande (4 m. kmq., 165 m. hab.).

c) Le rétablissement de la **Pologne** est infiniment plus grave pour l'Allemagne. Plus de 3 M. de Polonais étaient englobés dans des provinces de Prusse, de Posnanie, de

Silésie. Par la vallée de la Netze, Bromberg (Budgocz) et Thorn (Torun), les Allemands se sont infiltrés à la rencontre de leurs compatriotes de la Prusse orientale. Dans toutes les villes, l'administration, le commerce et l'industrie ont attiré les populations germaniques. Seule la vitalité extraordinaire de la race polonaise a permis de sauver cette nation tombée en tutelle au xive siècle en Silésie, au xviiie siècle dans les autres régions. Les traités ont fait trois parts des territoires réclamés par la Pologne.

1. Presque toute la province de Poznan (Posen), la moitié de la Prusse occidentale sur la rive gauche de la Vistule ont été cédées au nouvel État (45 500 kmq., 3 100 m.

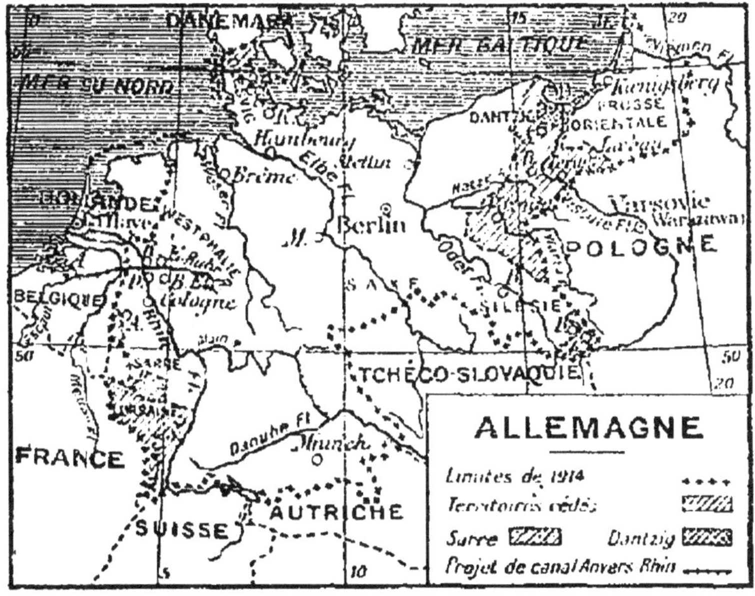

hab.). C'est une bande de 80 à 120 kilom. de largeur, avec des bois, de bonnes terres (céréales, pommes de terre, betteraves, lin), des industries alimentaires dispersées (sucre et alcool), des rivières navigables unies par des canaux, des villes comme Poznan, 170 m. hab.; Torun, 40 m.

hab., places fortes ; Gniezno (Gnesen), 22 m. h., vieille mé,
tropole catholique ; Budgocz, 52 m. h. ; Stargard, 27 m. h.

2. Les embouchures de la Vistule constituent l'Etat libre
de la Hanse de **Danzig**. La Pologne a besoin d'un accès
à la mer. Malheureusement Danzig (Gdansk) a une population presque entièrement allemande (97 p. 100). On a
donc formé un territoire limité par le Nogat à l'est et englobant à l'ouest Neufahrwasser l'avant-port, Oliva et
Zoppot (2 000 kmq., 370 m. hab.) ; on l'a déclaré indépendant, sous la protection de la Société des Nations, mais on
l'a incorporé dans les douanes polonaises. Pour assurer la
libre navigation du fleuve, la Pologne a reçu sur la rive
droite une étroite bande de terrain jusqu'à la racine des
épis de régularisation du lit. Danzig, un peu abandonné
avant la guerre au profit de Stettin, a vu son trafic doubler
grâce à l'unification du bassin de la Vistule : 1,7 M. t.
en 1923.

3. Le sud de la Prusse orientale et la **Haute-Silésie**
ont été soumis à un plébiscite. Les Masures prussiens,
qui parlent un dialecte polonais, paraissent assez fortement germanisés : moins des trois centièmes ont voté
en faveur de la Pologne. Le district de Marienwerder n'a
donné également que neuf centièmes de Polonais. En
conséquence, tout le territoire a été laissé à la Prusse,
à l'exception de trois communes à l'est de Lœbau. La
question silésienne est plus complexe. La majorité de la
population (2 M. d'hab.) est incontestablement slave, mais
rurale et ouvrière. Une colonisation séculaire a fait avancer
peu à peu les Allemands sur la rive gauche de l'Oder jusqu'à
Ratibor et çà et là sur la rive droite, particulièrement dans
les agglomérations industrielles. La richesse du sous-sol est
considérable précisément dans les districts les moins germanisés. En 1913, la Haute-Silésie a produit 49 M. de t. de
houille, 150 m. t. de zinc (37 p. 100 de l'extraction mondiale), 500 m. t. de minerais de plomb ; elle a une grosse
industrie métallurgique. Le plébiscite a donné 490 m. voix
polonaises (majorité : cercles de Rybnik et de Pless et campagnes du sud-est) et 710 m. voix allemandes en comptant

les émigrés. Le partage de la province a été ardu. L'Allemagne a obtenu le nord et l'ouest du pays où ses nationaux sont en incontestable majorité; au sud-est, la région industrielle lui est également cédée jusqu'au midi de Gleiwitz, Hindenburg et Beuthen : au total, 1 050 m. habitants. Les districts perdus ont 980 m. habitants, 80 p. 100 des mines de charbon, trois quarts des mines de zinc et de plomb, presque tout le fer, mais seulement la moitié de la métallurgie. L'unité économique est maintenue pour quinze ans avec la monnaie allemande.

d) Aux confins de l'Allemagne orientale, sur la côte baltique, du Niémen à **Memel**, les populations sont lituaniennes, comme celles de l'intérieur. Ce territoire a été cédé à la Lituanie dont il constitue un district autonome (8 mai 1924).

Ainsi réduite de 72 m. kmq. et de 7 M. d'hab., l'Allemagne vient au cinquième rang comme étendue et au deuxième rang comme population parmi les Etats européens. La Prusse, qui perd presque tous les territoires enlevés à l'Empire, garde 276 m. kmq. et 36 M. d'h. L'Allemagne reste une grande productrice d'hommes. La natalité même pendant la guerre n'est pas descendue au-dessous de 17 (France, en temps normal, 19). En 1914, cette fourmilière sans cesse accrue (700 à 800 m. par an) se suffisait sur un territoire médiocrement fertile, à force de travail industriel et d'entreprises commerciales. L'émigration oscillait entre 20 et 25 000 hommes, mais une immigration surtout polonaise et italienne compensait et au delà les départs. En 1924, la population atteint 63 M. d'h., 3 M. de plus qu'en 1919. L'émigration surtout vers les Etats-Unis s'accroît rapidement et dépasse 100 m. h. en 1923.

II. — L'Allemagne comprend du sud au nord plusieurs zones différentes d'origine et de relief. Elle s'appuie d'abord aux Alpes que précède le plateau bavarois. Au delà du Danube supérieur et jusqu'au Main s'étendent, entre la Forêt Noire et la Forêt de Bohème, les terrasses de Souabe et de Franconie répliques du plateau lorrain. De l'Ardenne à l'Erzgebirge, les vieux massifs primaires sont isolés par les vallées profondes des rivières ou séparés par des dépressions au milieu desquelles ont surgi des sommets volcaniques. De la Frise à la Prusse orientale et à la Silésie, s'allonge une immense plaine, recouverte de dépôts glaciaires et éoliens.

L'Allemagne est largement ouverte aux influences maritimes au nord et les montagnes de l'Allemagne moyenne ne sont pas assez élevées pour abaisser considérablement la température. La vallée du Rhin a le climat le plus chaud (+ 9° à + 11° moyenne de l'année). Les flancs des chaînes alpines et bohémiennes sont avec les collines de Prusse orientale les régions les plus froides (+ 6° à 7°). L'Elbe inférieure ne gèle que 24 jours, mais le Niémen gèle 90 jours. Les pluies qui arrivent de l'océan sont partout suffisantes: maximum d'hiver à l'ouest, d'été à l'est annonçant le régime continental de la Pologne et de la Russie. La dépression rhénane autour de Mayence, la basse Silésie, plaines abritées, le Mecklembourg et le Brandebourg, régions basses, sont relativement sèches (40 à 50 cm.). La répartition des pluies entre tous les mois, l'abondance des forêts, des lacs et des marécages expliquent l'impression d'humidité que laisse à l'habitant des pays plus méridionaux la visite de l'Allemagne, d'Aix-la-Chapelle à Kœnigsberg.

1° Du lac de Constance à la Salzach les **Alpes allemandes** forment plusieurs massifs de calcaires ou de sables et d'argiles à la lisière septentrionale de la grande chaîne (Zugspitze, 2 934 m.). Les anciens glaciers y ont déposé de vastes moraines au milieu desquelles les rivières ont grand peine à assurer le drainage. Ces montagnes sont un château d'eau fort important pour le Danube supérieur auquel ils envoient l'Iller, le Lech, l'Isar et l'Inn et un réservoir appréciable de force motrice. Elles sont le domaine de la forêt et du pâturage. L'Allgau à l'ouest est la partie la plus favorisée : il élève des vaches, fabrique du beurre et des fromages et possède quelques industries (filatures et tissages à Kempten). Les Alpes de Bavière et de Salzbourg à l'est sont plus pauvres mais plus pittoresques avec leurs murailles dolomitiques et leurs lacs qui attirent les peintres et les touristes : elles ont des carrières (ciments, marbres, pierres à aiguiser), du sel; elles travaillent le bois. La vallée de l'Inn conduit à l'Arlberg, à la Maloggia et surtout au Brenner route naturelle des pays germaniques vers l'Italie.

2° Le **plateau bavarois** est un énorme entassement de sables, de cailloux, d'argiles, œuvre des torrents et des glaciers. Au pied des montagnes, s'étend la zone des moraines et des lacs (Ammer et Wurmsee). Viennent ensuite une zone marécageuse, un pays de collines sablonneuses couvertes de limons et la haute plaine où coule le Danube déjà puissant. Le sol est pauvre, le climat froid. L'orge, le houblon, l'élevage dominent, les forêts abondent. Les villes sont soit des marchés au contact des Alpes de Lindau à Rosenheim, soit des ports sur le Danube d'Ingolstadt à Regensburg (Ratisbonne) et à Passau, soit surtout de grands marchés comme Augsbourg (154 m.) et **Munich** (630 m. h.). La seconde devenue capitale de la Bavière a largement dépassé la première si riche au Moyen âge. Munich est un carrefour de routes et de voies ferrées, un centre administratif, intellectuel et artistique, un foyer commercial et industriel important (brasseries, machines, imprimeries, liqueurs, terres cuites, etc.).

3° **Allemagne du Sud.** — Entre la Forêt Noire et la Forêt de Bohème s'alignent une série de plateaux correspondant aux étages géologiques du trias et du Jurassique : grès bigarrés du Spessart, calcaires coquilliers du Main vers Würzburg et du Neckar vers Stuttgart, marnes irrisées des Franken-Höhe, dépression sablonneuse de la Regnitz autour de Nuremberg, calcaires du Jura franconien. La vallée de la Naab voit commencer les gneiss, les granits et les quartz de Bohème. Les altitudes sont faibles et le climat relativement tempéré. Aussi malgré la pauvreté du sol — exception faite des alluvions de la plaine rhénane et des fonds de vallées de ses affluents — les cultures sont-elles fort étendues, fort variées et fort riches : vignobles de Bade, du Neckar et du Main, houblon de Bade, châtaignes, cerises, pommes, jardinage et fleurs, betteraves et surtout en Franconie et en Souabe champs de blé. Les hauteurs portent des forêts et des pâturages. Les villes sont des entrepôts commerciaux au confluent des rivières comme Mannheim, Mayence et sa voisine Francfort, ou sur leur cours moyen comme Stuttgart, Würzbourg et Nuremberg. Partout la houille saxonne et westphalienne a fait se multiplier les industries : scieries, horlogerie de la Forêt Noire, filatures et tissages, machines, produits chimiques, travail des métaux, brasseries et sucreries, etc.

Nuremberg (360 m. h.) est avec sa voisine Fürth, le plus gros foyer industriel de l'Allemagne du Sud. Installée dans sa plaine sablonneuse entre les Alpes et l'Allemagne du Nord, entre le Rhin et le Danube la vieille ville impériale a inventé autrefois les montres, la tréfilerie et connu les premières banques. Elle pratique aujourd'hui la métallurgie : laiton, fil de fer, cuivre, etc., fabrique des outils (limes, compas, instruments de chirurgie, etc.), des glaces, des jouets, des crayons, des meubles, du papier, des appareils électriques, etc. Quand seront terminés les travaux d'amélioration des voies d'eau, Nuremberg pourra plus aisément répandre au loin jusqu'à l'Océan et à la Mer Noire les produits infiniments variés de ses industries. Stuttgart (323 m.) dans un site admirable a les industries du livre, des lainages, de la métallurgie : Francfort-sur-le-Main (433 m.) est la riche ville des banquiers.

Sur la rive gauche du Rhin, face à l'Odenvald s'élève le plateau de grès et de schistes du Palatinat, pays de forêts et de cultures, incliné à l'ouest vers la Sarre industrielle, tombant brusquement à l'est vers la plaine rhénane par des coteaux couverts de vignes. Ludwigshafen possède une grosse usine de colorants.

4° **L'Allemagne moyenne** comprend de vieux massifs usés, percés de vallées profondes, séparés par de larges dépressions où ont fusé les roches volcaniques. Ses plateaux sont humides et froids, mais leurs mines ont fait naître de puissantes industries ; ses régions basses sont tempérées, ont des cultures, des arbres fruitiers, des vignes et leurs voies d'eau sont les plus fréquentées de l'Europe centrale.

a) **Le massif schisteux rhénan** (400 à 900 mètres) for-

mé de grès, decalcaires, d'argiles est découpé par la Moselle
et la Lahn en compartiments symétriques, Hausrück et Tau-
nus, Eifel et Westerwald. Le pays est rude, d'accès difficile.
A part le Rheingau vers Bingen et le bassin de Cologne, pays
gai de bonnes cultures, le sol est pauvre en ressources agricoles. Le sous-sol est très riche. Au sud la Sarre, au nord
Aix-la-Chapelle et la Rhur ont des bassins houillers, le
dernier avec une épaisseur de 100 m. et des réserves supérieures à 300 milliards de tonnes. Près de Bonn est exploité
le lignite. L'Eifel a du plomb, la Sieg du fer et du cuivre.
Les bords de la Rhur possèdent les 2/3 des hauts fourneaux, des aciéries, des cokeries de l'Allemagne ; là les
« Konzerns », grandes associations d'industriels, fabriquent
les profilés, les plaques de blindage, les rails, les machines,
etc. Essen (439 m. h.), Gelsenkirchen (168 m.), Bochum
(142 m.), Dortmund (295 m.), ville officielle reliée par un
canal au Rhin et à l'Ems, sont les principaux centres métallurgiques. Les bords de la Wupper pratiquent l'industrie cotonnière à Elberfeld (157 m.) et Barmen (174 m.),
de s fabriques d'outils et d'instruments variés autour de
Solingen et de Remscheid. La rive droite du Rhin autour de
Krefeld (125 m.) et de Munchen-Gladbach a également des
cotonnades et de la soie. Nulle part en Allemagne la population n'est aussi dense que dans cette région où au bord des
rivières et des canaux (canal du Rhin à Herne) et près des
mines se succèdent sans discontinuité les usines et les villes
(10 m. kmq., 6 M. d'habitants).

Le Rhin, amélioré à travers la trouée héroïque, et ses
affluents canalisés offrent d'excellentes voies au trafic local
et servent de lien entre l'Allemagne du Sud et la mer du
Nord. Sur cette grande voie historique se succèdent à inter-
valles réguliers, les vieilles et les nouvelles villes : Coblenz,
ancienne place forte au confluent de la Moselle ; Bonn, ville
universitaire à l'entrée du Rhin en plaine ; **Cologne** (640 m.),
foyer intellectuel de la Rhénanie, tête de la navigation maritime, marché de produits extrêmement variés, centre d'industries textiles et métallurgiques ; Dusseldorf (407 m.),
fournisseur de la vallée de la Wupper et siège du syndicat

des charbons de la Rhur; Duisbourg (244 m.) — Ruhrort, devenu grâce à l'agglomération énorme de la Rhur le premier port intérieur de l'Europe (en 1913, tonnage en marchandises 2 fois 1/2; en 1922, 3 fois supérieur à celui de Hambourg).

b) La **Hesse**, entre le massif schisteux et la forêt de Thuringe, est une dépression au milieu de laquelle s'élèvent les deux masses volcaniques du Rhoen et du Vogelsberg. La Lahn, la Nidda et la Kinzig la drainent vers le Sud, la Fulda et la Werra vers le Nord. Ces vallées mettent en communication l'Allemagne septentrionale avec l'Allemagne méridionale : Fulda, Giessen et Marbourg, Cassel (162 m.), gardent les passages. Des champs de blé, des prairies occupent les plaines, des bois les pentes. Gœttingue a une université. La Weser descend au Nord dans un pays de collines qu'il quitte à la porte de Westphalie.

c) La **Thuringe** est entre le Thuringer Wald et le Harz une dépression dont les eaux sont drainées par la Saale et son affluent l'Unstrut. Elle a des bois, des céréales, des légumes. L'industrie est représentée par le sel de Halle, les lainages, les fabriques d'objets en bois (crayons, jouets, pipes). Les passages du Fichtelgebirge permettent d'atteindre la vallée supérieure du Main. Le morcellement du relief a fourni longtemps un appui au particularisme politique : jusqu'en 1919, la Thuringe fut divisée entre huit Etats allemands. C'est un pays de petites capitales (Weimar), calmes, réservées, traditionnelles. Erfurt (130 m.) est sur la route la plus directe de Berlin vers l'Allemagne du Sud.

d) La **bordure septentrionale du Massif bohémien** est formée de hautes terres au climat rude, où abondent les mines. Au pied des monts métalliques se trouve le bassin houiller de Zwickau. Plauen (104 m.), Reichenbach, Zwickau, Chemnitz (303 m.) travaillent la laine et le coton, Chemnitz le fer. Plauen fabrique des porcelaines. La haute **Lusace** et les Sudètes pratiquent l'industrie à domicile (jouets, dentelles, tissage, etc.). La haute **Silésie** possède le petit bassin houiller de Waldenbourg, entouré de villes spécialisées dans la fabrique de la toile; puis le gros bassin houiller de Beuthen (1922 : 25 M. t.), des mines de plomb, de zinc et de fer et une puissante industrie métallurgique. Le voisinage de montagnes riches en combustibles et de plaines agricoles excellentes a fait de l'Allemagne du S.-E. un pays extrêmement actif, de population très dense : Saxe (325 h. au kmq. en 1925).

5° **L'Allemagne du Nord** est une partie de la grande plaine européenne qui s'élargit vers la Pologne et se rétrécit vers les Pays-Bas : 400 à 150 km. de largeur. La pente générale vers le Nord-Ouest est suivie par de longs fleuves parallèles, calmes et réguliers. La région a été recouverte entièrement par les glaciers quaternaires dont les dépôts argileux ou sableux cachent presque partout la structure géologique : les calcaires coquilliers de Rudersdorf, la craie du Rügen, le grès d'Helgoland sont parmi les rares affleurements des roches du sous-sol.

a) La zone méridionale presque plate est formée de limons glaciaires bruns et de lœss : elle comprend la Westphalie de la Lippe à l'Ems supérieur, le Hanovre, les collines subhercyniennes au nord du Harz, la basse Saxe, la basse Lusace et la basse Silésie. Là se trouvent les plus riches terres agricoles de l'Allemagne, champs de blé et de betteraves. Entre Hanovre, Magdebourg et Leipzig le sous-sol renferme du lignite (1922 : 50 M. t.), de la potasse (1.3 M. t. en 1922), du pétrole (Celle, 60 m. t. en 1924). Là se trouvent à proximité du Mittelgebirge une rangée de gros marchés urbains : Munster (90 m.), Osnabrück (70 m.), Minden, Hanovre (392 m.), Brunswick (139 m.), Magdebourg (285 m.), Halle (182 m.), Leipzig (636 m.), Dresde (587 m.). Gœrlitz (85 m.) et Breslau (528 m.). Magdebourg sur l'Elbe est le marché du sucre, **Leipzig** pratique les industries du livre et des fourrures et vend dans ses foires les produits très variés des usines saxonnes. **Dresde** sur la route de Bohème est la ville officielle et artistique. Gœrlitz est un centre textile. Breslau au cœur de la Silésie est la première place commerciale et industrielle de l'Oder.

b) La zone centrale est la plus déprimée : Berlin est à 32 m. Les fleuves y coulent longuement vers l'Ouest avant que des coudes brusques les dirigent vers le Nord : ils ont remplacé un cours d'eau unique qui drainait jadis et déblayait les matériaux sablonneux, caillouteux ou argileux déposés sur le front des grandes moraines du Mecklembourg et de la Poméranie. Les collines de Lunebourg (+ 171 m.), du Flaming ont des landes et des bois de pins, de l'élevage, de pauvres récoltes de céréales et de pommes de terre. Les régions basses (vallées de la Havel et de la Sprée, Oldenbourg et Bourtange) sont marécageuses, tourbeuses, ou récemment conquises à la culture. Les coteaux argileux ont seuls une agriculture bien rémunératrice et de belles prairies. Partout le trafic est intense entre l'Est et l'Ouest, le Nord et le Sud et les villes se sont placées dans les vallées au croisement des routes de terre et d'eau : Brandenbourg, Potsdam, Francfort-sur-Oder, Custrin.

La plus récente **Berlin** a largement dépassé toutes les autres : 200 m. hab. en 1810, 825 m. en 1871, 1 900 m. en 1921 et 3 800 avec ses faubourgs. Colonie germanique en pays wende, Berlin est sur le sable et dans les marécages de la petite Sprée, loin des grands fleuves, dans une position excentrique en Allemagne. Les Hohenzollern ont commencé sa fortune : ils en ont fait leur capitale, y ont créé des industries, favorisé le commerce en réunissant l'Elbe à l'Oder par des canaux ; ils ont accru son rayonnement politique en agrandissant la Prusse et en fondant l'Empire. Les avantages du site se sont révélés peu à peu. Au milieu de la plaine, entre deux grandes rivières qui donnent accès à la mer du Nord et à la Baltique, Berlin est devenu au XIX° siècle grâce au Zollverein et au développement des routes et des voies ferrées et malgré l'importance des pays du Rhin, le centre économique de l'Allemagne. Les établissements industriels s'y sont multipliés : les tissus et la confection représentent 1/3 des bénéfices, puis viennent les machines, les instruments de musique, les produits chimiques, le papier, les industries électriques, les brasseries, raffineries, féculeries, etc. Berlin est relié à Stettin par un canal maritime et son port fluvial est le premier après Ruhrort et Hambourg. Il est encore isolé du Rhin, mais la réalisation projetée du Mittelland Kanal réunira un jour les deux tronçons de la navigation intérieure de l'Allemagne.

c) La zone septentrionale est le pays des anciennes moraines glaciaires : le sol est parsemé de lacs. Le Holstein et la Poméranie sont plats et parcourus de rivières paresseuses. Le Mecklembourg, la Pomérélie et la Prusse orientale constituent au contraire des croupes dépassant 300 m., lignes de partage des eaux : les rivières qui gagnent directement la mer s'encaissent entre des collines avant d'atteindre la plaine côtière au sol argileux et très fertile : les rivières qui descendent au Sud traversent des lacs allongés dans un pays pauvre de sables et de graviers portant des bois et de maigres cultures. Le seigle, la pomme de terre, les légumes sont avec l'élevage les seules ressources de ces pays où domine encore aujourd'hui la grande propriété.

d) La Côte a une économie plus variée. La mer du Nord est dangereuse par ses tempêtes et ses bancs de sables. Les îles frisonnes sont les débris des dunes côtières, découpées par la puissance des marées. L'accès à la côte n'est possible aux gros navires que grâce à des aménagements coûteux (bouées, phares). Par là se fait cependant le contact avec l'Atlantique, les nations industrielles : 80 p. 100 du trafic maritime de l'Allemagne. Les îles et les terrains côtiers, protégés contre l'invasion des eaux sont des « marschen » aux grasses prairies et aux champs de blé ; les villages pratiquent la pêche. Les golfes (Dollart, Jade) et les embouchures des rivières permettent seuls l'établissement des grands ports : Emden, Wilhemshafen, Brème et Hambourg. Brème (270 m. h.) possède le quart de la flotte allemande : ses compagnies de navigation importent le coton, le riz, le tabac et transportent les émigrants. **Hambourg** (985 m. h. et 1 300 m. avec ses faubourgs) dispose d'immenses bassins et du canal profond de l'Elbe (4 000 ha, 50 km. de quais). Il fait plus de la moitié du commerce maritime allemand ; il est grâce aux voies d'eau et de fer un gros fournisseur pour l'Europe centrale. Il importe la houille, les laines, les produits coloniaux, il exporte les bois, la potasse, le sucre, les produits ouvrés. La flotte comprend plus de la moitié des navires nationaux. Son commerce est revenu maintenant au chiffre de 1913 (1923 : 30 663 m. tx ; 1913 : 28 737 tx), mais ce n'est plus le pavillon allemand qui domine dans son port. A travers l'isthme de Holstein, le canal de Kiel large de 100 m., profond de 8 m. 50, aujourd'hui démilitarisé met Hambourg en relations directes avec la Baltique.

Cette mer intérieure n'a pas de marées sensibles. Du Danemark à l'embouchure de la Trave se succèdent des golfes ramifiés. Vient ensuite une côte en voie de régularisation avec les falaises de Rügen, avec les îles basses de l'embouchure de l'Oder, la côte sablonneuse de Poméranie et les cordons littoraux (nehrungen) fermant les embouchures de la Prégel et du Niémen. Lübeck, Wismar, Rostock, Stralsund, Greifswald ont fait jusqu'au XVIe siècle le grand commerce de la Hanse. Aujourd'hui chaque fleuve important a son port d'embouchure et son avant port : Lübeck (113 m.) avec Travemunde, Stettin (232 m.) avec Swinemunde, Kœnigsberg (260 m.) avec Pillau. Lübeck a dû à ses vieilles traditions commerciales et à ses rapports par eau avec Hambourg de rester un port important. Stettin est le port de Berlin et a des constructions navales, Kœnigsberg est le débouché de la Prusse orientale.

Vie économique.

1. **La production agricole** reste proportionnellement à peu près la même malgré la perte de l'Alsace et de la Posnanie, riches en grains et en cultures industrielles. Les céréales couvrent environ 14 M. d'ha. (avoine, 6 ; seigle, 4 ; froment, 2 ; orge, 1,5, etc.). La pomme de terre reste la première culture vivrière. La betterave est loin d'avoir repris son extension (1 600 m. t. en 1924, au lieu de 2 500 m. t. en 1913), mais ce recul n'est que passager et l'Allemagne restera avant la Tchéco-Slovaquie, la Pologne et la France, le premier pays sucrier. Il en est de même pour

la distillerie(grains et pommes de terre) et pour la brasserie.
Le cheptel a souffert moins irrémédiablement que celui de
la France : par le rationnement de sa population, par
les achats aux neutres et la spoliation des pays envahis,
l'Allemagne a su conserver presque intact son troupeau
bovin (17 M. de têtes); par contre, le nombre des porcs a
baissé de 60 p. 100.

2. **La production minière** est gravement atteinte, et
c'est un rude coup pour un pays dont la fortune industrielle
est basée principalement sur l'abondance des matières premières.

a) L'Allemagne disposait en 1913 des 114 M. t. de houille
de la Ruhr, des 14 de la Sarre, des 4 d'Aix-la-Chapelle, des
49 de la Silésie, environ 190 M. de t., sans compter 87 M. de t.
de lignite. Elle importait en outre 18 M. de t., beaucoup moins
il est vrai qu'elle en exportait (31 M, de t.). Elle perd la Sarre
et les quatrecinquièmes des mines silésiennes, soit 54 M. de t.
La production a diminué partout par suite de la réduction
des heures le travail (la Haute-Silésie n'a donné en 1920
que les deux tiers de 1913); la Ruhr n'a pu se rapprocher
du chiffre d'avant la guerre qu'en augmentant le nombre
des mineurs. Cette diminution de la quantité de charbon
disponible a une répercussion fâcheuse sur les industries :
les aciéries n'ont employé en 1919 que 63 p. 100 du charbon utilisé en 1913. Un gros effort a permis d'augmenter
de 1/3 la production du lignite : 118 M. t. en 1923.

b) L'Allemagne perd les quatre cinquièmes de son minerai
de fer. La Lorraine lui en fournissait 21 M. de t. ; les districts
de la Sieg et de la Lahn, 4 ; le Hanovre, la Hesse, la Thuringe, etc., 3. Il reste 7 M. de t. La métallurgie absorbait
46 M. de t.: elle achetait les minerais riches de Suède et
d'Espagne et les minerais voisins de la Lorraine française.
Elle produisait 19 M. de t. de fonte et 17 M. de t. d'acier.
Les usines de la Sarre, de la Lorraine et de la Silésie comptaient pour 6,5 et 5 M. de t., soit le tiers. La consommation
actuelle, même réduite à 30 M. de tonnes de minerais, a
besoin d'être couverte aux trois quarts par l'importation.

c) La potasse alsacienne concurrence maintenant celle de

Stassfurt qui lui est inférieure en qualité. Le sel lorrain formait le quart de la production allemande.

d) Le zinc et le plomb sont les minerais les plus abondants de la Haute-Silésie : la Pologne en obtient la plus grosse part. Il ne reste à l'Allemagne que les mines autour de Beuthen (un tiers du total). Presque toutes les usines de transformations sont perdues.

L'Allemagne, malgré ces amputations, reste le premier pays de l'Europe pour la métallurgie : (1924 7,8 M. t. de fonte, 8,6 M. t. d'acier), le second pour la houille. Elle conserve le deuxième rang pour les cotonnades malgré la perte de Mulhouse, et le premier pour les industries chimiques que les besoins de la guerre ont encore étendues.

III. — **Sa puissance commerciale** s'était accrue au point de menacer la primauté britannique. Elle dominait incontestablement l'Europe centrale. L'Union des chemins de fer allemands contrôlait les lignes autrichiennes, hollandaises, luxembourgeoises, une partie des lignes belges, russes et roumaines. Le Berlin-Constantinople traversait l'Autriche vassale, la Serbie isolée de la mer, la Bulgarie et la Turquie, gagnées à l'influence germanique. L'Empire faisait le tiers du commerce autrichien, le quart du commerce roumain et serbe. Le bloc économique Mitteleuropa, de la mer du Nord à Trieste et de la Pologne à la mer Noire, préparait la domination de la Méditerranée, la clef des routes mondiales. La flotte comptait 5 M. de tx. de vapeurs et 500 m. tx. de voiliers (accroissement 500 p. 100 en 30 ans). La Hamburg America et le Norddeutscher-Lloyd avaient un tonnage supérieur à celui de toute la marine française. Le canal du Rhin à Herne, achevé en 1914, le Mittelland Kanal, commencé entre le Rhin et l'Elbe, les projets de canaux entre le Rhin et le Danube (canal du Main à l'Altmühl à approfondir pour porter des chalands de 2000 t.), entre l'Elbe et le Danube, avaient pour objet de drainer les produits de l'intérieur vers les ports. Sur toutes les mers le pavillon impérial voyait croître sa clientèle.

Les colonies d'Afrique (4/9), de Chine (1/2), d'Océanie, faisaient 560 M. de fr. d'échanges avec la Métropole. Le com-

merce total atteignait 27 000 M. de fr. en 1913, trois fois plus
qu'en 1890 (France : 15 000 M. de fr. et 50 p. 100 d'aug-
mentation). Ces résultats étaient dus en partie au protec-
tionnisme contre la concurrence étrangère, à la recherche
acharnée des débouchés (bon marché des produits, dumping,
facilités de crédit, voyageurs nombreux, etc.) et à l'appui
officiel du gouvernement de l'Empire. Aujourd'hui la marine
est insuffisante, les colonies sont perdues. Enfin l'organisation
de l'Europe est un obstacle au retour de la prépondérance
allemande. Les nouveaux Etats Slaves barrent les routes de la
Méditerranée, de l'Orient et de la Russie.

———————

CHAPITRE VII

La Suisse

I. — La Suisse est au cœur de l'Europe comme une synthèse de l'Europe. Elle possède quelques-uns des plus hauts sommets des Alpes et commande les grands passages entre les pays septentrionaux et les pays méditerranéens. Elle touche au nord à la porte de Bourgogne, au sud à la vallée du Pô, et à l'est s'approche par l'Inn de la vallée du Danube. Elle envoie ses eaux au golfe du Lion et à l'Adriatique, à la mer du Nord et à la mer Noire. Sur son sol se croisent les influences latines et les influences germaniques. Le français est parlé à l'ouest dans les cantons de Genève, de Vaud et de Neuchâtel, dans une partie de ceux de Fribourg, du Valais et de Berne par 800 m. habitants, l'allemand au nord et dans le haut Valais par 2700 m. hab. (2/3 du total). l'italien dans le canton du Tessin par 300 m. h., tandis que les vieilles langues romanche et ladine s'entendent encore dans quelques vallées grisonnes. Genève a été le centre de propagande du calvinisme et la Suisse a aujourd'hui 57 p. 100 de protestants. Fribourg est resté la ville du catholicisme militant entre les vieux cantons. le Valais et le Tessin catholiques (41 p. 100). Aucun État n'a en Europe autant d'étrangers sur son territoire. plus de 10 p. 100; les cantons excentriques en ont jusqu'à 27 p. 100 (Bâle-Ville) et 30 p. 100 (Genève).

La diversité des paysages et des relations, des idiomes

et des religions n'a pas empêché la formation lente mais solide d'une nationalité suisse. Les 22 cantons (dont 3 sont divisés en 1/2 cantons) sont des unités historiques englobant souvent des populations et des pays fort différents : le canton de Berne s'étend sur le Jura, le plateau et les Alpes, englobe des germanophones et des francophones, des protestants et des catholiques. Sur 41 m. kmq. vivent près de 4 M. (1924 : 3 905 m.) d'hommes qui ont su par des siècles de travail pacifique rendre très prospère un pays médiocrement doté par la nature.

II. — 1. Le **Jura suisse** (12 p. 100 du territoire). Il commence au sud du Mont-Dôle (1 278 m.) et continue ses chaînons plissés vers le N.-E., Chasseron, Chasseral, Weissenstein jusqu'au-delà du défilé de l'Aar dans les Lagern. Vers le N.-O. les plis font place à des plateaux, larges croupes monotones et solitaires. Les eaux s'écoulent presque toutes au nord-est vers le Rhin. Les hivers longs et neigeux ne permettent guère que l'exploitation forestière et pastorale sur les hauteurs. Les vallées longitudinales, Val de Travers, Val Saint-Imier, Val Délémont ont malgré leur climat assez rigoureux des prés et des cultures ; elles facilitent la circulation et des villes, Neuchâtel, Bienne et Bâle gardent leur débouché en plaine.

Les loisirs forcés de l'hiver sont la cause première du développement de l'industrie horlogère : de grandes et de moyennes usines fabriquent des chronomètres, des montres, des réveils, des pendules et les machines-outils nécessaires. Ainsi se sont développés à 920 m. d'altitude le Locle (15 m. h.) et à 1 000 m. La Chaux-de-Fonds (40 m. h.) la plus haute ville de l'Europe. Dans un bassin à 900 m. d'altitude, Sainte-Croix s'est spécialisée dans la fabrication des boîtes à musique. Le Jura est traversé par les voies internationales d'accès aux tunnels alpins : le tunnel du Hauenstein conduit au Saint-Gothard, celui de Granges au Loetschberg et au Simplon, celui de la Faucille (Vallorbe) au Simplon. **Bâle** (140 m. habitants), dans un site pittoresque au coude du Rhin, est la porte septentrionale de la Suisse, au carrefour des routes qui viennent de la Porte de Bourgogne, de l'Alsace et de l'Allemagne du sud : cette admirable situation commerciale a fait la fortune de ses banques. A sa vieille industrie de la soie s'est ajoutée celle des produits chimiques.

2. Les **Alpes suisses** (58 p. 100 du territoire) ne sont que la septième partie de toute la chaîne. Au sud-ouest, le Rhône supérieur, torrent violent, coule entre les monts du Valais (Pic Dufour 4638 m., Matterhorn, ou Cervin 4482 m.) et les massifs de l'Oberland bernois dont les plus hauts sommets forment un amphithéâtre grandiose autour de Grindelwald (la Jungfrau 4167 m.). Au nord-est, le Rhin et ses affluents isolent par les coupures profondes de leurs vallées des massifs cristallins et calcaires et traversent en bordure de la montagne des lacs creusés par les glaciers quaternaires : l'Aar déverse les lacs de Thun et de Brienz, la Reuss le lac des Quatre-Cantons. Les Alpes des Quatre-Cantons avec le Pilate et le Rigi si connus des touristes, le Toedi, les Alpes de Glaris et de Saint-Gall sont les principaux massifs. Le bassin du Rhin est limité au sud par le Saint-Gothard sous lequel passe le tunnel de Goeschenen, l'Adula et l'Albula qui forment le faîte des Alpes. A l'est, entre l'Albula et la Bernina s'ouvre l'Engadine ou haute vallée de l'Inn, affluent du Danube. Au sud, la vallée du Tessin jusqu'au lac Majeur est dominée par les hautes chaînes cristallines qui l'abritent des vents froids et communique aisément avec les plaines italiennes. Partout ailleurs des cols très élevés s'alignent à la frontière. Le Grand Saint-Bernard (2472 m.), le Splügen (2117 m.), le Stelvio (2758 m.), le Simplon traversé par un tunnel de 19 km.

Les ressources des Alpes sont en fonction du climat. Au-dessus de 2500 m., les neiges éternelles nourricières des glaciers sont la réserve des fleuves. Au-dessous viennent les alpages d'été, puis la forêt de conifères et les pâturages intercalés. Les vallées ont quelques cultures et des prés que l'on fauche pour l'hiver. Le Valais aux étés chauds a des vignes, le Tessin sous un climat déjà méditerranéen a des arbres fruitiers, des mûriers et des vignes en hautains.

La houille blanche fournit plus de 600m. chevaux dans les vallées de la Limmat, de la Reuss, du Tessin, etc. Enfin la création d'innombrables hôtels et de voies d'accès variées (routes, funiculaires) a permis d'attirer les étrangers. Les seules agglomérations notables des Alpes suisses sont des centres de tourisme : Zermatt au pied du Cervin, Interlaken devant la Jungfrau, Coire (15 m. h.), ville épiscopale dans les Grisons, Saint-Moritz à 1 856 m. dans l'Engadine, Lugano (15 m. hab.) sur son lac dans la région tessinoise.

3. Le **Plateau suisse** (30 p. 100 du territoire) est la région la plus riche et la plus peuplée de la Suisse : 280 hab. au kmq. Sa largeur est de 50 à 60 km., sa longueur de 350 km. Le sol est formé de dépôts épais de sables, de marnes et de conglomérats (mollasse) sur lesquels les glaciers anciens ont déposé des traînées de graviers et des collines morainiques arrondies. Du côté des Alpes, le pays s'élève parfois jusqu'au-dessus de 1 000 m. (le Gibloux, au sud de Fribourg, 1 203 m.); il s'abaisse régulièrement vers le N.-O. drainé par les rivières grossièrement parallèles qui descendent de la montagne. Des lacs profonds occupent les dépressions creusées par les glaces quaternaires : le Léman vers lequel affluent les rivières qui vont à la Méditerranée, les lacs de Neuchâtel, de Bienne, de Zurich, de Constance, etc., qui portent leurs eaux au Rhin. Le paysage n'est point monotone : grandes nappes lacustres, coteaux aux formes douces cultivés jusqu'au sommet, vallées profondes de la Sarine, de l'Aar, de la Limmat sur les flancs desquelles les villes occupent des sites pittoresques, vastes plaines couvertes de villages entre les champs et les pâturages.

La faible altitude assure au plateau suisse un climat plus clément que celui des hauteurs voisines. Les cultures du blé, de la betterave et des pommes de terre sont les plus communes. Les vignes recouvrent les coteaux de l'Argovie au lac de Constance, les bords des lacs de Neuchâtel et de Bienne et la frange septentrionale du Léman où on récolte les vins renommés du Lavaux. Les produits agricoles sont cependant insuffisants pour la population et de plus en plus s'étend l'élevage qui convient mieux au climat, épargne la main d'œuvre et permet les industries du beurre, du fromage (gruyère, emmenthal), du lait condensé, des farines lactées, de la chocolaterie. Les vaches tachetées suisses sont renommées comme laitières et exportées en France et en Allemagne. Le nombre des bovins très sensiblement diminué par les ventes du temps de guerre revient peu à peu à son chiffre de 1914.

Le besoin de nourrir une population fort nombreuse a fait naître des manufactures. Pourtant les combustibles minéraux manquent et la Suisse doit en importer par voie ferrée (3 M. de tonnes); la houille blanche fournit un appoint actuel de 4 à 500 m. C. V. L'industrie aidée par un système douanier libéral travaille surtout des matières premières légères dont elle se ravitaille plus aisément : soie et coton; elle fabrique des machines, des produits chimiques au nord, de l'horlogerie et de la bijouterie au sud. Une dernière ressource est fournie par l'intensité de la circulation internationale. Deux voies ferrées traversent le plateau dans toute sa longueur reliant les villes entre elles, et par Genève et Constance (enclave allemande au sud du lac) à la France et à l'Allemagne. Ces lignes sont coupées obliquement par les voies d'accès à l'Arlberg, au Saint-Gothard et au Simplon. Les villes suisses sont au carrefour des routes, soit à la sortie du Jura comme Genève, (130 m.), Neuchâtel, (22 m.), Bienne, Soleure, Aarau et Schaffhouse sur la rive droite du Rhin, soit à portée des Alpes comme Lausanne (87 m.), Fribourg (21 m.), Berne (104 m.), Lucerne (42 m.), Zurich (200 m.) et Saint-Gall (67 m.) **Zurich** sur le Limmat à la sortie de son lac est le plus gros centre industriel de la Suisse (textiles, industries mécaniques) et le premier foyer intellectuel de la Suisse alémanique. **Berne**, vieille ville de riche bourgeoisie est le centre politique de la Confédération. **Saint-Gall** a des mousselines et de la dentelle. **Lucerne et Lausanne** vivent surtout du tourisme. **Genève**, la deuxième ville du plateau, serrée de tous côtés par la frontière française, est le centre intellectuel de la Suisse romande, le premier marché de la bijouterie et une ville de tourisme.

III. — La vie économique est très active grâce à une mise en valeur patiente et intelligente de toutes les ressources du pays. La Suisse doit acheter des vivres (céréales, denrées coloniales pour 1/5 des importations), des combustibles (charbon, pétrole) et des matières premières (coton, soie, fer). Elle exporte les produits de ses quatre grandes industries : *a*) Lait, beurres, fromages, cuirs, peaux; *b*) Tissus, vêtements, dentelles; *c*) Machines textiles, électriques, agricoles, horlogères; *d*) Montres et pendules. Sa situation centrale lui donne en outre les bénéfices du transit européen et la beauté de ses paysages les bénéfices du tourisme.

La Suisse est le siège de plusieurs institutions internationales : Union postale, Union télégraphique, etc. A Genève se réunit l'Assemblée de la Société des Nations.

CHAPITRE VIII

L'Europe danubienne :

Autriche et Tchéco-Slovaquie.

Dans les Etats des Habsbourgs les minorités allemande et hongroise dominaient la majorité slave, plusieurs millions de Roumains, des Italiens, etc. Aujourd'hui l'Autriche et la Hongrie sont isolées et réduites à un rôle secondaire. Les peuples opprimés ont formé des Etats comme la Tchéco-Slovaquie et la Pologne ou se sont unis à des Etats voisins, noyaux déjà indépendants de leur race. Il n'y a plus dans l'Europe danubienne que des Etats nationaux.

1° L'Autriche.

Elle a 83 m. kmq. et 6 500 m. habitants presque tous Allemands. Du lac de Neusiedl à la mer, elle s'est accrue aux dépens de la Hongrie d'une zone de langue germanique. Elle comprend 80 p. 100 de montagnes et 20 p. 100 de plaines.

A. — a) Les **Alpes orientales** sont caractérisées par leur division en chaînes séparées par de longues vallées longitudinales est-ouest. Au sud les massifs calcaires des Dolomites, de Carinthie et des Karawanken forment la frontière et s'ouvrent au seuil de Tarvis. Au nord de la Drave s'élèvent les Tauern (3 800 mètres) et les Alpes Styriennes cristallines : le col du Brenner (1 362 mètres), la vallée de Gastein, le

Schober Pass, le Semmering et la dépression de Neumarkt établissent des communications transversales. Enfin au delà d'une série de sections de vallées qui se succèdent de l'Inn à la Salzach et à l'Ens, les Alpes calcaires du nord présentent de nombreux chaînons pittoresques, parfois secs et désolés (Rhœticon, Allgau, Tyrol, Saizbourg, Salzkammergut, Wiener Wald), enserrant des vallons verdoyants et fertiles. L'Arlberg à l'ouest livre passage à une voie ferrée qui traverse toutes les Alpes orientales jusqu'à Vienne. Les vallées alpestres sont relativement peuplées ; quelques-unes s'élargissent en bassins (Villach-Klagenfurt sur la Drave, Gratz sur la Mur, etc.). L'économie s'établit ainsi : 10 p. 100 cultures (blé, seigle, pomme de terre, légumes, etc.); 50 p. 100 prai-

ries et pâturages ; 40 p. 100 forêts. La montagne est riche en minerais : charbon, fer, plomb, zinc, manganèse, sel, graphite de Styrie ; fer, cuivre, plomb, zinc de Carinthie ; sel, graphite, manganèse de Haute-Autriche, etc. Les vallées principales ont de petits centres industriels. Les eaux peuvent fournir une force équivalente à la consommation annuelle de 15 M. de tonnes de houille et la beauté des sites attire les touristes dans des stations renommées comme Gastein, Ischl, Gmunden, Innsbrück, Salzbourg, Rœmerbad, etc.

b) Au nord des Alpes, le **plateau tertiaire** bavarois avec ses collines monotones de dépôts fluviaux et glaciaires, avec ses vallons souvent marécageux, se continue en Autriche; les rivières le découpent et s'y encaissent avant d'atteindre le Danube; le Hausrück s'y élève à 800 m. Bois, prairies, cultures alternent sur les terrains de mollasse.

c) Au nord du fleuve, on monte vers la **plateforme ancienne de Bohême** (Weinsberger Wald, 1 050 metres). Le pays a surtout des forêts et des pâturages.

d) **Le Danube** traverse l'Autriche depuis le confluent de l'Inn jusqu'à Bratislava (Presbourg). Son régime est ici entièrement alpestre avec des crues de printemps et l'étiage d'hiver. La navigation à vapeur est possible sur tout son parcours depuis qu'on a fait sauter les écueils des défilés. Le lit est creusé au contact des derniers contreforts hercyniens de Bohême, resserré entre des étranglements pittoresques, élargi dans des bassins fertiles. Linz, Tulln, Vienne sont situés dans ces plaines alluviales. Le Marchfeld ou plaine de Vienne est surtout riche et bien cultivé au sud; sur la rive gauche du fleuve de vastes étendues sablonneuses ont longtemps empêché la mise en valeur qui est toute récente. Le blé, l'orge, la pomme de terre, la betterave, la vigne sont les ressources principales : elles ont donné naissance à des industries alimentaires.

e) A l'est, l'Autriche possède une assez large bande de la **plaine pannonienne** en bordure des Alpes, pays d'agriculture prospère et de population dense.

B) Etat économique. — 1. L'Autriche peut nourrir les deux tiers de ses habitants avec ses produits agricoles et son cheptel. Comment faire vivre le dernier tiers? Elle a perdu les quatorze quinzièmes de sa houille, elle a du fer en Styrie, mais elle manque de coke de fonte. La région du Danube (Wiener-Neustadt, Vienne, Saint-Pœlten), le Vorarlberg travaillent les textiles. Steyr, Gratz, Leoben, Bruck, etc., font de la métallurgie.

2. **Vienne** est une des premières villes du monde. Sa for-

tune s'explique par sa position au carrefour des grands chemins de circulation européens, au contact des civilisations latine, germanique et slave (Porte Morave vers les plaines orientales; cols des Alpes vers la Méditerranée; Haut-Danube vers le Rhin; Bas-Danube vers la mer Noire). Son rang de capitale lui a valu son importance administrative, intellectuelle et financière. Les voies d'eau et de terre qui s'y croisent apportent facilement les matières premières et favorisent l'exportation : Vienne a des industries de luxe (objets en cuir, carrosserie, modes, meubles, instruments de musique, etc.), des industries alimentaires (brasseries, sucreries, distilleries, minoteries) et des chantiers de constructions fluviales. Trop grosse tête d'un petit Etat (1 860 m. h.), elle décline aujourd'hui : fonctionnaires, militaires, fournisseurs de la cour sont sans emploi. Les Etats voisins ne laissent que jalousement arriver le charbon et les vivres. Vienne n'en reste pas moins une des premières gares et un des premiers ports intérieurs de l'Europe. De Berlin, de Munich, du Vorarlberg, de Fiume et de Trieste, de Belgrade, de Lemberg et de Varsovie, les chemins de fer y convergent. La jonction de l'Elbe au Danube, le futur canal Rhin-Danube accroîtront encore son importance dans le trafic du fleuve.

3. L'Autriche a d'autres ressources en puissance, que les capitaux étrangers l'aideront à mettre en valeur. Les montagnards suisses, savoisiens et dauphinois doivent être pour elle des exemples. Industries des beurres, des fromages, du lait concentré, papeteries, tabletterie, bimbeloterie, travail du bois sous toutes ses formes, utilisation de la houille blanche pour l'électrification des voies ferrées, la métallurgie, la chimie, organisation du tourisme, autant de branches susceptibles de productifs développements. Des conventions économiques avec les Etats limitrophes sont aussi indispensables pour que la petite Autriche puisse vivre et prospérer, comme la Suisse, dont elle est le prolongement dans les Alpes orientales.

2° La Tchéco-Slovaquie.

A. L'Etat et les populations. — La Tchéco-Slovaquie est

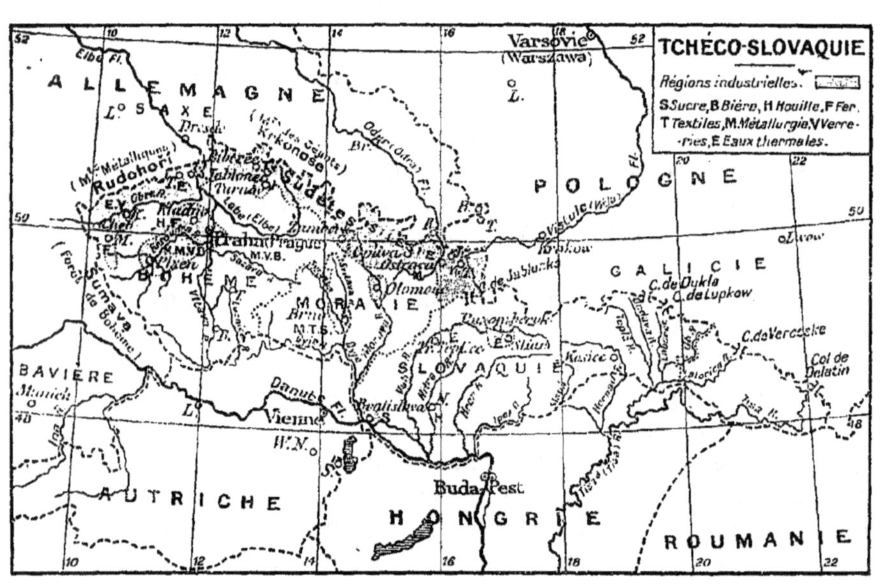

TCHÉCO-SLOVAQUIE
Régions industrielles.
S Sucre, B Bière, H Houille, F Fer.
T Textiles, M Métallurgie, V Verre-
-ries, E Eaux thermales.
ALLEMAGNE
SAXE
Dresde
(Mts des Géants)
Krkonose
Odra (Oder) Fl.
Elbe Fl.
Varsovie
(Warszawa)
L.
POLOGNE
(Mts Métalliques)
Rudohori
Jablonec
Turnau
Reichenberg
Sudetes
L. Saxe
Mlada
Chel
Plsen
Prague
Praha
Olomouc
BOHEME
Sumava
(Forêt de Bohême)
MORAVIE
Brno
M.T.S.
Ostrava
C. de Jablunka
Vistule (Wisla)
Krakow
GALICIE
Lwow
C. de Dukla
C. de Lupkow
C. de Vereczke
Col de
Delatin
BAVIERE
Munich
Danube Fl.
Vienne
Bratislava
SLOVAQUIE
Kosice
AUTRICHE
W.N.
Buda-Pest
HONGRIE
ROUMANIE

formée de trois éléments slaves venus s'installer à partir du vi^e siècle dans le quadrilatère bohémien et les Carpates septentrionales.

1. Les **Tchèques** sont une vieille nation. Au ixe siècle ils constituent déjà un État indépendant; au xive, ils sont maîtres de la Bohême, de la Moravie, de la Lusace et de la Silésie. Cependant lentement s'infiltrent les colons germaniques. La guerre hussite, violente réaction nationale, les fait un moment reculer. Mais en 1526, la Bohême entre dans le patrimoine des Habsbourgs qui, désireux de centraliser pour mieux dominer, s'attaquent à ses droits historiques. En 1620, la défaite de la noblesse tchèque à la Montagne Blanche voit commencer la spoliation : des seigneurs allemands prennent la plupart des fiefs et oppriment les paysans slaves ; la Constitution de 1627, la création de deux Directoires à Vienne par Marie-Thérèse, l'établissement de la langue allemande obligatoire et l'annihilation de la Diète depuis Joseph II, marquent les étapes de l'assujettissement. Par la vallée du Danube jusqu'à Bratislava (Presbourg), par les passages de Böhmer-Wald, par l'Erzgebirge et la Silésie, les Allemands ont repoussé vers le centre du pays les Tchèques et germanisé les villes. Au xixe siècle les Slaves prennent l'offensive. Par leurs poètes, par la presse, par l'école ils réclament avec persévérance leurs droits ; ils regagnent l'avantage dans les villes et arrêtent les progrès de la pénétration ennemie. Jamais les Habsbourgs ne se sont résignés à leur accorder l'autonomie.

2. Les **Slovaques**, proches parents des Tchèques, s'étaient établis dans les vallées des Tatras et jusqu'au Danube entre le Vah (Waag) et la Hernad. Les invasions magyares les refoulèrent dans les montagnes et la conquête les sépara des Tchèques en 1025. Pâtres et paysans, ils furent depuis opprimés par leurs maîtres qui s'appliquèrent à détruire leur nationalité.

3. Les **Ruthènes** sont un groupe de petits Russiens qui dépassant les cols se sont installés sur le versant occidental des Carpates : isolés de leurs frères de Galicie orientale, ils forment une province autonome de l'État Tchéco-Slovaque.

Le 30 mai 1917, les députés Tchèques au Reichsrat de Vienne réclament solannellement l'indépendance de tous les pays de leur race. Le 28 octobre 1918, le Conseil national proclame l'indépendance et la République. Les frontières ont été déterminées par les traités de Versailles, Saint-Germain, Neuilly et une décision arbitrale au sujet de la Silésie de Teschen : 140 m. kmq., 13 500 m. habitants. La longueur de l'Etat est égale à la distance de Brest à Strasbourg, sa plus grande largeur est trois fois moindre. Cette forme étirée est un danger au point de vue stratégique, d'autant plus qu'au sud il n'existe aucune barrière naturelle en dehors du Danube entre Bratislava (Presbourg) et l'Ipel.

Les populations se répartissent ainsi : 9 M. de Tchéco-Slovaques, 500 m. Ruthènes, 3 M. d'Allemands, 700 m. Hongrois, 300 m. Polonais, Juifs, etc.

1. Les premiers vivent principalement de l'agriculture : **Praha** (Prague) (700 m. h.), la capitale historique, la plus grande et la plus riche des villes de l'Etat, est certainement une des plus belles cités de l'Europe. Dans la partie la plus basse et la plus fertile de la Bohème, à proximité des mines de houille et de fer, au carrefour des rivières et des routes, elle s'élève sur la Vltava (Moldau) dans un cadre magnifique de collines. Le Hradschin est couronné par la cathédrale et un palais immense. Les vieux quartiers sont pleins de monuments célèbres; l'hôtel de ville, le pont et sa tour gothique, l'Université (le Carolinum, 1347). Les quartiers neufs, où se pressent les usines, se sont surtout développées à l'est et au sud-ouest vers Smichow. Praha est le centre intellectuel, industriel et commercial des Tchèques. En Moravie, Brno (Brunn) (220 m. h.) a une Université et des industries variées. La Slovaquie n'a pas de grande ville. On estime à 200 m. le nombre des Tchèques de Vienne, à 150 m. celui des Slovaques de la plaine magyare et à 1 M. celui des Tchéco-Slovaques émigrés aux Etats-Unis. On constate un retour partiel de ceux qui habitaient l'ancienne Autriche-Hongrie.

2. Les **Allemands** forment des groupes compacts dans le nord de la Bohème (80 à 95 p. 100 de la population entre Cheb

(Eger), Liberec (Reichenberg), Opava (Troppau) et dans les villes. Malgré leur mécontentement actuel, il semble qu'ils s'habitueront à vivre avec les Tchèques qui respectent leur individualité ethnique et sont unis avec eux par la communauté des intérêts. Les districts qu'ils habitent ont du lignite, de la houille et des minerais divers et s'adonnent à la métallurgie et aux industries textiles. Le siège social de la plupart de ces entreprises est à Prague, et c'est la Bohême qui fournit la main-d'œuvre, le ravitaillement et les débouchés.

3. Les **Hongrois** dominent dans les comitats qui touchent au Danube et dans les villes slovaques. Bratislava (Presbourg) (100 m. h.) a deux cinquièmes de Hongrois, à côté de deux cinquièmes d'Allemands et d'un cinquième de Tchèques.

B. Régions naturelles. — Le relief est très varié. Le quadrilatère de Bohême est un massif hercynien ; les Carpathes appartiennent au système alpin ; la dépression morave est une zone intermédiaire de collines et de bassins ; vers le Danube moyen et sur la Tisza supérieure une partie de la plaine pannonienne est comprise dans les limites de l'État.

1. La **Bohême** est une pénéplaine de roches cristallines et primaires, modifiée par des gauchissements et des fractures qui en ont morcelé le relief.

a) L'allure mamelonnée et monotone s'est conservée surtout au sud et au sud-est dans les collines de Moravie. A l'intérieur, les vallées s'approfondissent et s'élargissent vers une grande plaine : c'est la région vitale de la Bohême. L'altitude est inférieure à 500 mètres. Quoique les plus grandes hauteurs bordières soient vers le nord, le drainage se fait entièrement de ce côté par le défilé de la Bastei où la Labe (Elbe) amène les eaux rassemblées de la Vltava (Moldau) et de l'Ohre (Eger). Par contre, les rapports économiques sont très étroits avec les pays du Danube et de la Morava où l'on accède sans difficultés.

b) De trois côtés le quadrilatère est fermé par des lignes continues de hauteurs. Au sud-ouest on monte lentement vers la Sumava (Böhmer Wald) qui présente un abrupt sur

la Bavière (Mont Arber, 1450 mètres). Au N.-O., le Rudohori (Erzgebirge) tombe brusquement sur le fossé de l'Ohre
et de la Biéla : du côté saxon, plateau coupé de profondes
rigoles difficiles à traverser sauf vers Cheb (Monts des Pins)
et vers l'Elbe aux deux extrémités ; du côté bohémien, abondance de coulées basaltiques et de sources thermales, richesse
en minerais très anciennement exploités, population nombreuse adonnée à l'industrie. Au nord-est, de l'Elbe à l'Oder,
se succèdent une série de massifs que séparent des passages
faciles et bas (seuil entre Elbe et Bober, 540 mètres) ; l'Iser-
gebirge est un plateau forestier ; les Krkonose (Monts des
Géants), dominés par le Snezka (1 605 mètres), ont des pics
nus, des croupes boisées et des fonds humides ; les roches
cristallines abondent au nord, le rebord sud est formé de
grès jusqu'à la plate-forme du Gesenke qui aboutit à la Porte
Morave. Ce sont des pays de vie pastorale et forestière,
mais à leur pied les rivières et le voisinage de la houille ont
multiplié les usines textiles et métallurgiques. Au total,
grande variété de sols, de topographie, de ressources. Malgré
la forte proportion de hauteurs, la densité kilométrique
dépasse 130 habitants.

2. **Moravie.** Le plateau bohémien descend en gradins
vers la dépression de la Morava. A l'est s'élèvent les chainons
des petites Carpates et les groupes des Beskides. La Moravie
est traversée par des collines S.-O.-N.-E. qui isolent
trois plaines : sur la Haute Morava, le bassin agricole
d'Olomouc (Olmütz) ; le bassin de Brno où l'industrie s'est
développée ; la basse Morava fertile qui touche au Marchfeld
autrichien. La valeur de la région est accrue par le lien
économique qu'elle établit entre les pays du Danube et
l'Europe orientale. A l'est d'Olomouc, un seuil conduit à la
vallée du haut Oder, entre les escarpements du Gesenke et
des Beskides. Au delà, c'est la plaine polonaise monotone à
l'infini ; en deçà, les aspects variés de l'Europe centrale. La
Porte de Moravie est l'isthme par lequel sont venus les
Slaves ; elle donne passage aujourd'hui à la voie ferrée
Vienne-Varsovie qui fait communiquer par ses prolongements
Pétrograd avec Trieste.

3. Carpates. Le chaînon granitique qui ferme au sud-est la Moravie est le commencement de la grande chaîne d'allure alpine qui se continue jusqu'au cœur de la Roumanie.

a) En Slovaquie, les Carpates sont larges, divisées en massifs par les couloirs profonds de la Vah (Waag), du Hron (Gran), de l'Ipel et de la Hernad. Sur la frontière, séparant les vallées polonaises des vallées slovaques, les Tatras cristallines ont des pentes abruptes, des neiges permanentes (Pic de Gerlachfalva, 2 600 mètres), de petits lacs, des forêts et des pâturages. Tout autour, la montagne est moins rude : les Beskides s'abaissent à 550 mètres au col de Jablunka où passe la route de Silésie vers Budapest. Au sud, à partir du Danube, on s'élève dans un pays de collines au sol de loess, fertile en céréales, vigne et fruits. Des dislocations ont fait fuser les roches volcaniques des monts Métalliques et des Hegyalia. La population se concentre dans les régions de cultures (bassins successifs de la Vah, de la Hernad, etc., collines au voisinage du Danube. La moyenne ne dépasse pas 50 habitants par kmq.

b) Le pays des Ruthènes est la région la plus étroite et la plus pénétrable des Carpates. Là s'ouvrent les cols de Dukla, Lupkow, Vereeske, Delatin, qui ont vu passer les Hongrois et les Slaves. Les trachytes des Vihorlat et la Czernahora à la frontière roumaine ont seuls une allure de haute montagne. La densité de peuplement est de 60 par kmq.

4. Plaines. De Bratislava à l'Ipel, le cours inférieur de la Vah, de la Nitra et du Hron a une population agricole nombreuse : des places fortes anciennes gardent les passages du Danube aux deux extrémités de la grande Schütt. La plaine ruthène de la Tisza supérieure et de son affluent le Bodrog est plate et marécageuse.

C) VIE ÉCONOMIQUE. — La Tchéco-Slovaquie est le mieux doué de tous les Etats issus du démembrement de l'Autriche-Hongrie.

1. Elle est riche en **forêts**, en **bétail**, en **cultures**.

a) Les Carpates et le pourtour de la Bohême sont des régions forestières : ils fournissent les bois de construction et de mines et alimentent de nombreuses papeteries.

b) Les pâturages des montagnes et des plateaux entretiennent un cheptel proportionnellement aussi important que celui de la France : bovidés et porcs, surtout en Bohême, chevaux dans la plaine pannonienne, moutons (en diminution) en Slovaquie. Ce bétail suffit presque à l'alimentation nationale et fournit la matière première à une grosse industrie des cuirs (tanneries, chaussures).

c) Un tiers du sol est cultivé. Le seigle occupe la première place, puis viennent l'avoine, le blé et l'orge : le plateau de Praha et Plzen (Pilsen), la plaine danubienne ont la production la plus intensive. La pomme de terre, les arbres fruitiers se trouvent partout. En bordure des Carpates la vigne occupe les pentes favorables. Les cultures industrielles sont de toute première importance. La betterave alterne avec le seigle et le blé : les raffineries des environs de Plzen, Praha, Brno, Bratislava fabriquent plus de 15 M. de qx. de sucre, 15 p. 100 de la production mondiale. Le houblon est employé dans les brasseries qui donnent 10 M. d'hl. d'une bière renommée. Le sucre et la bière sont deux des principaux articles d'exportation.

d) La loi du 19 avril 1919, qui supprime les domaines de plus de 300 ha. dans le but de multiplier les petites propriétés, contribuera à fixer au sol des milliers de familles qui, sous la domination autrichienne ou hongroise, devaient, faute de terres, se résigner à l'émigration : 500 m. ha. ont été distribués en 1924.

2. *a*) Depuis des siècles, Tchèques et colons allemand sont utilisé les sables granitiques et le kaolin pour la **verrerie** et la **céramique**. Ces industries occupent aujourd'hui 100 m. ouvriers autour de Plzen, Karoly Vary (Karlsbad), Cheb (Eger).

b) Les minerais sont abondants et variés dans un pays où deux chaines portent encore le nom de monts Métalliques. Le **lignite** du Rudohori donne 20 à 25 M. de t., la **houille** de Plzen, Kladno et de Karwina (Silésie) 15 M. de t. : le meilleur charbon industriel est celui du bassin de Teschen dont la plus grande partie a été laissée aux Tchèques. Les forces hydrauliques sont considérables et on compte sur un aménagement prochain de 800 m. C. V. Le minerai de fer se trouve près de Praha et en Slovaquie. L'importation du minerai étranger est cependant nécessaire grâce au développement de la métallurgie. Celle ci a ses centres principaux autour de Prague, Ostrava (1 M. de t. fer) près des mines, et à Brno qui utilise les minerais slovaques et suédois.

c) Les industries chimiques se sont accrues récemment et tendent à concurrencer la production allemande (sulfate d'ammoniaque, acide sulfurique, potasse, etc.).

d) Les **textiles** enfin, au premier rang pour la valeur des produits, sont depuis longtemps établies auprès des rivières qui descendent lu N.-E. de la Bohême : Liberec (Reichenberg), coton, laine, lin ; Opava (Troppau) et Praha, laine ; Brno, laine, soie. Elles reçoivent leurs matières premières par Hambourg et Trieste et par la voie ferrée de Moravie vers la Russie.

3. Il résulte de cette énumération que la Tchéco-Slovaquie a un léger déficit de céréales et de viandes et un gros excédent de sucre, de bière, de papier, de verres et de porcelaines, de tissus, etc. Elle est un pays industriel qui a besoin de recevoir facilement les matières premières et de distribuer sans difficultés ses produits manufacturés. Sa situation continentale est donc défavorable. C'est pour permettre à la Tchéco-Slovaquie de vivre que les traités l'ont fait toucher au Danube et l'ont autorisée à utiliser des quais spéciaux à Hambourg et à Stettin. C'est dans le même but que cet Etat a signé avec l'Italie (22 mars 1921) un traité de commerce et de navigation, qui fait de Trieste un port d'armement pour les Tchèques avec des facilités d'importation et d'exportation. Malheureusement le Danube à Bratislava ne peut servir qu'à des bateaux de moins de 1 000 t. et les Portes de Fer roumaines sont encore un obstacle difficile ; l'Elbe a besoin de travaux d'amélioration en Saxe où la profondeur descend à 60 cm. à l'étiage. Il faudrait donc des dépenses considérables d'aménagement, sans compter le creusement souhaitable d'un canal unissant l'Elbe au Danube. Jusqu'à ce jour Hambourg a fait la plus grande partie des exporta-

tions (bois, sucres, orges). Par Trieste arrivent surtout les produits textiles et les denrées coloniales.

Il semble que la Tchéco-Slovaquie soit destinée à faire la plupart de ses échanges avec ses voisins immédiats en utilisant le Danube et les voies ferrées. Plusieurs de celles-ci ont une valeur européenne : 1) Berlin-Prague-Trieste ; 2) Varsovie-Ostrava-Vienne ; 3) Berlin-Jablunka-Budapest ; 4) Paris-Bratislava-Belgrade ; 5) Paris-Eger-Prague. Les chiffres de commerce extérieur pour 1919 sont significatifs. Sur un total de 10112 M. de couronnes, les deux tiers représentent le trafic les Etats limitrophes (Autriche, 2100 ; Allemagne, 1600, etc.). La Pologne devra s'entendre avec Prague pour recevoir du charbon et des machines. La Hongrie augmentera certainement ses rapports avec sa voisine industrielle. Avec la Suisse et l'Italie, le chiffre d'affaires dépasse 1700 M., grâce aux tunnels des Alpes. Les échanges avec la France atteignent 800 M.

En résumé, la Tchéco-Slovaquie a de riches cultures, des industries agricoles, métallurgiques et textiles puissantes. Sa situation au cœur de l'Europe en fait nécessairement un pays de transit, mais son éloignement de la mer la met, malgré les précautions prises par les traités, dans une dépendance évidente vis-à-vis de ceux qui en tiennent les routes.

CHAPITRE IX

L'Europe danubienne (suite).

———

Hongrie et Yougo-Slavie.

1° La Hongrie.

A) C'était en 1914 un Etat géographiquement bien constitué avec des frontières montagneuses autour d'une grande
plaine centrale. Mais la moitié de ses habitants étaient des
Slaves et des Roumains que le gouvernement aristocratique
s'appliquait à tenir à l'écart des affaires publiques et à déna-
tionaliser. La Hongrie nouvelle n'est plus qu'un Etat sans
limites naturelles, strictement ethnique : 90 000 kmq. ;
7 M. de Magyars, contre environ 500 m. Israélites dissi-
minés et 500 m. colons allemands et slaves. Par contre, au
nord, à l'est et au sud, la Tchéco-Slovaquie, la Roumanie et
la Yougo-Slavie englobent environ 3 M. de ses nationaux.

- B) La Hongrie occupe la partie centrale de la **plaine pannonienne**, bassin d'effrondement où l'on aperçoit des lam-
beaux jurassiques, des coteaux tertiaires, des massifs volcaniques et des terrains quaternaires lacustres, fluviaux ou
éoliens. La simplicité est donc seulement apparente.

1. Une arête S.-O.—N.-E., sur le prolongement des Alpes,
riche en roches éruptives (monts Bakony, 713 mètres), sépare
la plaine en deux parties, atteint le Danube entre Esztergom
(Gran) et Budapest (le Pilis, 757 mètres) et rejoint sur la

rive gauche au delà de l'étranglement du fleuve les hauteurs de la Slovaquie méridionale.

2. Au N.-O. s'étendent la plaine où coule la Györ (Raab), la région basse du lac Fertö (Neusiedl) et la petite Schütt. Là se sont arrêtés les colons germaniques et les conquérants turcs. Les seules villes hongroises, généralement anciennes forteresses, se sont établies sur le Danube.

3. Au sud des Bakony on ne rencontre plus que le massif de Pecs (Funfkirchen) (687 mètres), où se trouve un bassin houiller. Partout s'étend la plaine monotone, dénudée, où les périodes de sécheresse alternent avec les saisons d'averses violentes, où les chaleurs torrides succèdent aux froids

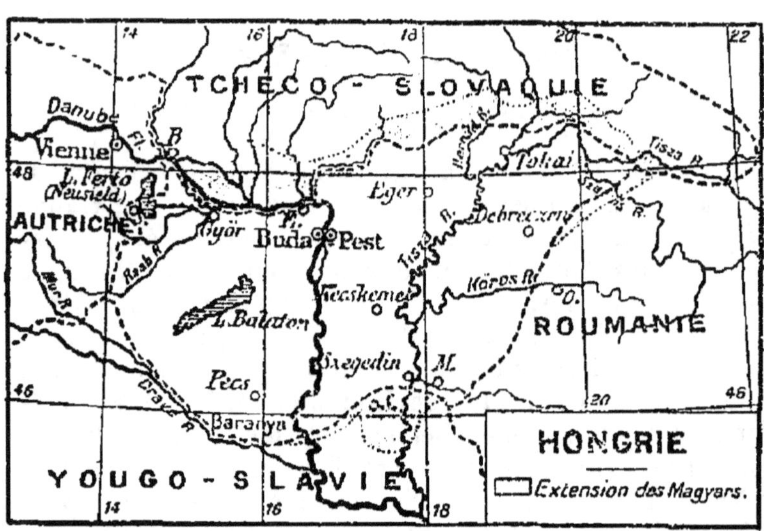

rigoureux. Le Balaton est un lac résiduaire, allongé et peu profond. La pente insensible (80 à 100 mètres) rend l'écoulement des fleuves très lent et les inondations dangereuses : le Danube, la Tisza (Theiss) multiplient leurs boucles et leurs faux bras et sont accompagnés de marécages où ils se répandent au temps des crues ; des centaines de km. de puissantes digues protègent les maisons et les cultures. A perte de vue s'étend l' « alfœld », au sol de loess fertile, favorable au blé et à l'élevage du mouton, ou la « puszta » au sol imperméable où abonde le gros bétail. La population, très dense, vit agglomérée en gros villages: Szegedin (118 m.h.). Debreczen (103 m.), Kecskemet (72 m.), sont habités aux trois quarts par des paysans.

C) Ressources économiques. — 1. La Hongrie vit de son **agriculture** et de son **cheptel.** Le blé, de qualité renommée, fournit 13 M. de quintaux à l'exportation et alimente les grandes minoteries de Budapest. Le maïs et l'avoine servent à l'engraissement du bétail. La vigne fournit les crus de Tokaj et d'Eger (Erlau) et se développe actuellement à l'abri du phylloxera dans les terrains sablonneux (2 à 3 M. d'hl.); la betterave donne 100 m. t. de sucre ; le lin, le colza, le tabac ont fait naître des industries locales. Le bétail, proportionnellement moins important qu'en 1914, comprend : 1,5 M. de porcs, 1,4 M. de bovins, 1,8 M. de moutons, 720 m. chevaux. Les Magyars exportent des grains, des farines, du vin, des cuirs, des laines, des animaux vivants, etc., et peuvent ainsi acheter les objets manufacturés qui leur manquent.

2. L'industrie est en effet dans une situation défavorable. La houille est insuffisante ; le bois, les minerais, les forces hydrauliques manquent. Grâce à sa position centrale et aux facilités de communications, **Budapest** (925 m. hab.), avait attiré une population ouvrière considérable (minoteries, boissons, machines) et faisait un grand commerce. Elle recevait le combustible et le fer de la Tchéco-Slovaquie et le blé de toute l'ancienne Hongrie : l'établissement d'un port franc ranimera son activité.

3. Par sa situation dans une plaine où les voies ferrées et fluviales se croisent en tous sens, la Hongrie et sa capitale resteront une **région de passage** entre la Baltique et la Méditerranée, entre l'Europe occidentale et l'Orient. Cette circonstance pourra être mise à profit par les Magyars pour leurs échanges commerciaux. Ajoutons que le traité de Trianon leur reconnaît la liberté de transit « à travers les territoires et dans les ports détachés de l'ancienne monarchie austro-hongroise », c'est-à-dire à Fiume et à Trieste.

2° La Yougo-Slavie.

I. Population.— C'est le plus grand Etat slave de l'Europe centrale. Il s'étend sur 250 m. kmq. et compte 12 500 000 h. dont 11 M. appartiennent aux trois branches sœurs des Slovènes, des Croates et des Serbes. Ces populations ont pour habitat très ancien la région montagneuse illyrienne où elles se sont longtemps occupées presque exclusivement de l'élevage et d'où elles se sont répandues dans les Alpes orientales, vers la côte adriatique et les plaines de la Save et du Danube.

a) Les **Slovènes** (1 500 m.) ont remonté les vallées de la Mur, de la Drave et de la Save et vancé jusqu'à l'Isonzo : depuis des siècles ils forment trois duchés autrichiens et ont été colonisés par les Allemands qui sont nombreux encore aujourd'hui dans le nord et dans les villes. En lutte contre le germanisme, ils ont cherché obtinément à faire respecter leur autonomie : ils sont un peuple énergique de paysans et de commerçants.

b) Les **Croates** (3 500 m.) ont toujours conservé leur autonomie dans la Hongrie à laquelle ils sont associés depuis le xi° siècle. La Diète de Zagreb (Agram) avait organisé l'administration, l'enseignement et développé la conscience nationale. Seuls les Dalmates étaient soumis à la bureaucratie autrichienne.

c) Tandis que Slovènes et Croates ont toujours regardé vers l'Occident d'où est venue leur religion (catholicisme) et leur civilisation (alphabet latin), les **Serbes** qui constituent le rameau le plus méridional (6 M.) sont restés sous l'influence de Byzance qui leur a donné l'orthodoxie, puis sous la domination des Turcs. Le Monténégro est libre dans ses montagnes depuis le xvie siècle, mais le pachalik de Belgrade n'a eu son indépendance qu'en 1815, la région de Nich en 1878, la Vieille Serbie en 1912. La Bosnie et l'Herzégovine n'ont échappé au joug que pour entrer dans l'empire composite des Habsbourgs.

d) L'Etat des Serbo-Croates-Slovènes ne laisse hors de

ses frontières que 800 m. de ses nationaux. Par contre, à la périphérie il a annexé 1500 m. Allogènes. Au nord, les Allemands forment une partie de la population des Alpes et s'étendent en colonies dans les plaines du Danube et de la Drave (600 m.). Dans le Banat et sur le Timok, des Roumains, à l'est, des Bulgares, au sud, vers Prizren et Skoplié (Uskub), des Albanais sont en contact avec la masse de leurs frères de race. Les 140 m. musulmans de Bosnie et du Vardar sont en majorité des Slaves islamisés. L'élément le plus difficile à assimiler est certainement le groupe de 500 m. Magyars, paysans et éleveurs de la Baranya et de la Bachka, grands propriétaires de Croatie, commerçants et ouvriers des villes. Les Yougo-Slaves ont cependant l'avantage de former un bloc compact au centre. La liberté leur donnera une force nouvelle d'expansion en stimulant les activités et en conservant sur le sol national des milliers de familles réduites avant la guerre à s'expatrier. La petite propriété, déjà très nombreuse en Slavonie, en Choumadia, en Dalmatie et dans le Karst, en progrès en Croatie, s'étend par la disparition progressive de la propriété collective au sud et des grands domaines (la loi de 1919 limite ceux-ci à un maximum de 500 ha.).

II. Régions naturelles. — Des Alpes à la Macédoine, la Yougo-Slavie est traversée par une large zone montagneuse qui tombe en gradins sur l'Adriatique et s'arrête à l'est devant la dépression pannonienne où coulent le Danube et ses affluents.

A) Les montagnes occupent les deux tiers du territoire :

a) Au nord, les **Alpes Slovènes** (2 864 mètres au Mont Triglav) forment des chaînons parallèles séparant des vallées longitudinales. Forêts et pâturages (industries laitières) sont les ressources principales. De larges bassins se succèdent sur les rivières : Liubliana (Laybach), 400 kmq. sur la Save, Celi (Cilly), sur le San, 100 kmq., Ptui (Pettau), sur la Drave ; les hivers y sont très froids, mais les étés chauds et le sol d'alluvions fluviatiles et glaciaires permettent la culture des céréales, de la vigne et du houblon ; les revenus du tourisme et de quelques industries s'ajoutent à l'agriculture. La population atteint 60 et 80 hab. par kmq.

b) **La chaîne dinarique** continue les Alpes et allonge ses plis jusqu'au Monténégro.

1. Du côté de l'Adriatique les calcaires soumis à la dénudation atmosphérique et à la décomposition chimique donnent au paysage une allure caractéristique (le Karst) : sol pierreux, lapiez et crevasses, cañons profonds, rivières souterraines, sources vauclusiennes, etc. Forêts et pâturages à moutons sont les seules ressources. Quelques vallées alluviales et les polié, dépressions aux bords abrupts et au fond d'argile rouge, conservent seuls quelque humidité et permettent les établissements humains et les cultures. Vers le sud, le Karst n'a que 70 km. de largeur et s'élève jusqu'à 2528 m. au Dormitor. Les plateaux descendent en étages sur une côte rocheuse, zone d'ennoyage où les îles (Krk-Veglia, Pag, Rab, etc.) et les presqu'îles allongées correspondent aux crêtes calcaires, les golfes (Kotor-Cattaro) et les canaux aux bassins intérieurs. Cette région méditerranéenne étroite, aux étés brûlants et secs, a une vie urbaine très développée : Split (Spalato), Dubrovnik (Raguse), Kotor (Cattaro), etc. ; la vigne, l'olivier, l'oranger, le mûrier, les fleurs y prospèrent, mais l'élevage du mouton avec transhumance vers les hauteurs pendant les mois chauds, la pêche et le cabotage ont autant d'importance que les cultures.

2. Du côté de la Bosnie la montagne est verte et plus riante : les calcaires, les marnes et les grès alternent couverts de forêts et de beaux pâturages ; les plateaux (planina) descendent en pente douce vers l'est. Les hauteurs sont parcourues par des pâtres qui vont l'hiver dans la plaine pannonienne ; les vallées et les dépressions sont habitées par une population indolente et fataliste soumise au régime de la propriété collective de la « zadruga ». Saraiévo (52 000 h.), dans son cadre de collines boisées, est une cité pittoresque et archaïque. La richesse du sous-sol (lignite, fer, manganèse, bauxite) fait espérer un développement industriel prochain.

c) Le sud de la Yougo-Slavie est entièrement occupé par

un massif hercynien disloqué, centre de dispersion des eaux vers le Danube, l'Adriatique et la mer Égée. Les vallées profondes et les bassins d'effondrement qui sectionnent le pays en font une région de passages importants. Au nord, la **Rachka** (Rascie) correspond au cours supérieur de la Morava, du Vardar et du Drin sur lesquels s'ouvrent les plaines de Nich, Leskovats, Kosovo, Tetovo, Skoplié et la Metoïa. Le climat est rude et la montagne est déserte, couverte de forêts jusqu'à 1 200 mètres) de pâturages au-dessus (Kapaonik, 2 100 mètres); les bassins plus secs sont seuls cultivés. Au sud, la **Macédoine** est bordée par le Rhodope et le Pinde : les bassins d'Ochrida et de Presba sont des cuvettes lacustres. Bitoli (Monastir) est dans une plaine fertile. Au delà du col de Démir-Kapou, le pays s'ouvre aux influences méditerranéennes : les vignes, les mûriers, le riz, le tabac apparaissent, la population est très dense.

B) Les plaines du nord sont la région la plus riche, la mieux cultivée, la plus habitée.

a) La **Croatie**, la **Bosnie** septentrionale, la **Choumadia** (150 à 800 mètres), ont des terrasses variées, couvertes d'humus ou de loess. Quelques îlots boisés (le Rudnik, 1 164 mètres) dominent ces pays découverts.

b) La **Syrmie** et la **Slavonie** entre Drave et Save sont plus basses (100 mètres) et coupées de quelques chaînons comme la Fruchka-Gora (540 mètres).

c) La **Baranya**, la **Bachka**, le **Banat** (70 à 100 m.) présentent près des fleuves des zones marécageuses d'inondation et à l'est quelques dunes ; partout ailleurs le sol de loess ou le marnes et les alluvions portent des champs de blé et de maïs ; les populations très mêlées (70 hab. par kmq.) y vivent, dans de grands villages, de l'agriculture et de l'élevage.

d) La **vallée du Timok**, pays de collines et de terrasses, peuplée de paysans roumains, est isolée de la Serbie par la chaîne carpatique de la Goloubinie Planina.

Le climat de ces plaines est celui de l'Europe centrale, mais à mesure qu'on s'avance vers le nord-est les pluies sont plus rares, les vents plus violents et plus froids (la kochava) et on se rapproche ainsi du régime de l'Europe orientale.

III. Vie économique. — *a)* Actuellement les principales ressources sont fournies par les **céréales** (blé et maïs, 45 M. de qx.), l'élevage (bœufs des Alpes, de la Bachka et du Banat, chevaux des plaines, moutons, chèvres et

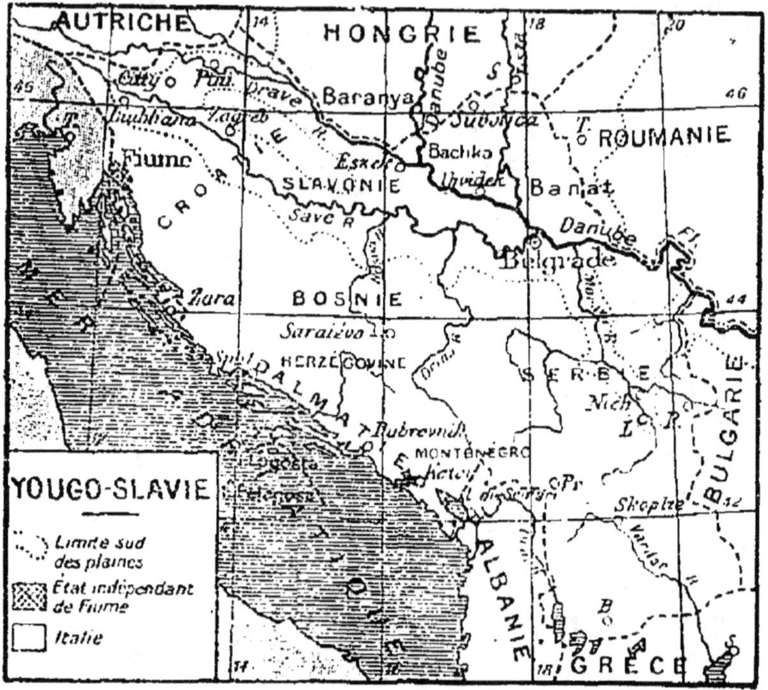

mulets de la côte, porcs de Serbie), les **fruits** (vignes pannoniennes et dalmates, 200 m. ha., prunes de Choumadia, oliviers, orangers méditerranéens), les forêts des montagnes (60 p. 100 en Bosnie : résineux, chênes et hêtres). Tous ces produits sont exportés en grandes quantités.

b) Les **richesses minières** sont considérables, surtout en Bosnie, mais encore peu exploitées. Environ 200 m. t. de houille (Slovénie : Tibovlie) et 3 M. t. de lignite ; du fer à Varech, du cuivre vers le Timok et Bor (Bosnie), du plomb vers Belgrade, de la bauxite, du sel. Les minerais sont en partie exportés.

c) L'industrie débute à peine, les usines sont éparses à proximité de la matière première : Pirot fabrique des tapis de table, les plaines du nord filent le lin et le chanvre, la Dalmatie la soie, la Bosnie prépare la pâte à papier, Liubliana et Zagreb ont des fonderies. Les industries alimentaires sont les plus importantes : sucreries, brasseries, distilleries, beurreries, etc.

d) Les voies de circulation sont actuellement tournées surtout vers le nord. Là se trouvent le Danube, la Drave, la Save, la Tisza et des canaux. Là les gares d'eau d'Eszek, Uj-Videk (Neusatz) et surtout de **Belgrade.** La capitale (110 m. hab.) est en même temps un carrefour de voies ferrées internationales vers Zagreb, Budapest, Salonique et Constantinople. Fleuves et chemins de fer portent en Bohême et en Allemagne bois, grains, fruits, animaux, minerais et ramènent les produits manufacturés. Le pays regarde donc plutôt vers le continent et fait ses échanges les plus nombreux avec ses voisins industriels. Les Yougo-Slaves, pour libérer leur commerce, ont besoin d'utiliser la mer. Malheureusement Salonique est grecque, Trieste et Fiume italiennes. Sans doute les ports ne manquent pas sur la côte, mais les communications avec l'intérieur sont difficiles : de grosses dépenses seront nécessaires pour réunir Belgrade à Kotor et ne réussiront pas à détourner le principal commerce des voies plus commodes qui aboutissent aux ports du nord de l'Adriatique. D'où l'intérêt que présente Port-Barros, extrémité méridionale du port de Fiume qu'un accord avec l'Italie vient de céder aux Yougo-Slaves.

CHAPITRE X

Europe danubienne (fin).

———

Roumanie et Bulgarie.

1° La Roumanie.

I. — Les **Roumains** parlent une langue latine. Le berceau de leur race est le plateau de Transilvanie d'où ils se sont répandus dans toutes les plaines périphériques. Les grands Etats voisins les ont longtemps maintenus sous leur domination. Au xvi° siècle, les Turcs sont maîtres de tout le pays. La Transilvanie leur échappe la première au xvii° siècle et passe aux Halsbourgs qui favorisent la colonisation saxonne en attendant que les Hongrois après 1867 activent la magyarisation. La Bukovine est cédée à l'Autriche en 1775 et peuplée en partie d'immigrés ruthènes. La Bessarabie est conquise par les Russes en 1812 et voit se développer l'infiltration allemande et slave. La Moldavie et la Valachie autonomes sous la suzeraineté ottomane ont obtenu leur union et leur indépendance (1860) et formé le noyau de l'Etat Roumain auquel s'est ajoutée la Dobrogea (Dobroudja) (1878-1913). La Roumanie s'étendait en 1913 sur 145 m. kmq. et comptait 7,5 M. d'habitants ; c'était un pays de plaines adossées aux Carpates, avec une façade sur la mer au delà du Danube.

La grande guerre a permis la réalisation de l'unité

ethnique. Les Alliés ont reconnu à la Roumanie la possession de la Bukovine, de la Transilvanie et de sa lisière de
plaine pannonienne, de la Bessarabie. Le nouveau royaume
atteint 300 m. kmq. et 17 M. d'habitants. Il réunit presque
toute la race: il reste seulement 1 M. de Roumains répartis

dans le Banat, au sud du Danube vers Vidin et Negotin
et en Ukraine. Par contre, 4 M. d'Allogènes sont englobés
dans les frontières actuelles.

Les **Hongrois** (1,5 M.), le peuple dominateur, forment
des groupes dans la plaine occidentale, dans les villes tran-
silvaniennes et surtout dans les hauts bassins de l'Olt et
du Mures (Maros) où ils sont établis depuis le xiie siècle
(Szeklers). Les **Allemands** (800 m.), sont des colons qui,
attirés par des privilèges, ont fondé de nombreux villages
agricoles en Transilvanie (Saxons), dans le Banat (Souabes)

et dans la Bessarabie méridionale. Les Ruthènes (700 m.), habitent le Marmaros, la Bukovine septentrionale et débordent en Bessarabie. Les Bulgares (300 m.), peuplent le sud de la Dobrogea et se disséminent dans la région côtière jusqu'au Dniester. Il y a aussi plus de 100 m. Serbes dans le Banat et autant de Turcs au sud du Danube. Enfin les Israélites (800 m.), partout disséminés, sont un élément important dans les provinces du N.-E., à proximité de la Russie d'où ils sont originaires ; ils sont adonnés au commerce et constituent des groupes fermés, d'assimilation difficile. Le nombre considérable des Allogènes est certainement pour le nouvel Etat une faiblesse, atténuée par les circonstances suivantes. Seuls les Szeklers sont une masse homogène ; partout ailleurs les Roumains forment la majorité ou du moins, comme en Dobrogea et en Bessarabie méridionale, une notable minorité. Leur race est une des plus prolifiques de l'Europe : débarrassée maintenant des persécutions étrangères, elle continuera avec plus de force que jamais à se répandre dans toutes les provinces. L'émigration tend à se restreindre : la loi agraire du 28 décembre 1918 contribue à fixer au sol les paysans (suppressions des domaines de plus de 500 ha. ; indemnité payée un tiers par l'Etat, deux tiers par les acquéreurs). En 1924, 5 600 m. ha. ont été distribués à 1 300 m. familles. En Transilvanie, où les grands propriétaires étaient surtout des Magyars, la réforme est doublement profitable pour la Roumanie.

II. Régions naturelles. — A) Le cœur du pays est la **Transilvanie**, ensemble de chaines boisées entourant une série de bassins.

1. A l'est, les Carpates Moldaves comprennent des hauteurs gréseuses monotones, coupées de dépressions fertiles bien peuplées, et une chaine cristalline de 1 600 à 1 800 mètres. Les communications sont faciles par les rivières qui poussent très loin leur têtes et par des cols larges et peu élevés (Pas de Gyimes).

2. Au sud, les Alpes de Transilvanie, presque entièrement cristallines, atteignent 2 500 mètres au Négoï : elles sont découpées profondément par des vallées jeunes (Jiu, Olt)

et ont l'allure de hauts plateaux uniformes au-dessus desquels s'élèvent quelques crêtes aiguës. Les passages les plus commodes sont le défilé de la Tour-Rouge et le col de Tömös (1 028 m.). De petits bassins favorisés par la richesse du sol s'échelonnent sur les bords intérieur et extérieur de la chaîne. Au delà de la Porte Orientale et de la haute Temes commencent les monts du Banat, plus accessibles, riches en minerais.

3. A l'ouest, les monts Bihar forment des plateaux élevés qui se divisent en blocs entre lesquels s'avancent des golfes de la plaine pannonienne, riches et peuplés.

4. Au centre, le bassin transilvanien, région relativement déprimée, découpée par le Somes (Szamos), le Mures et l'Olt, présente une grande variété de paysages : cônes et coulées trachytiques des monts Hargita, collines boisées aux pentes cultivées, cuvettes tertiaires (Gyergy, Csik, Fogarash, Hatteg, etc.) où le sol et le climat favorables ont permis l'établissement de centaines de villages et de quelques centres urbains : Sibiu (Hermannstadt), Brasov (Kronstadt), Cluj (Klausenburg).

En résumé, deux aspects différents du plateau de Transilvanie : montagnes de vie forestière et pastorale où les habitations permanentes ne dépassent pas 1 200 mètres, bassins grands ou petits, sites de peuplement dense et de vie agricole. Les mines du pourtour ajoutent une ressource de premier ordre aux revenus du sol.

B. Les plaines périphériques. — 1. Partout, sauf au nord vers le Marmaros, les montagnes se résolvent en collines qui descendent graduellement sur les plaines. La « podgoria » (les codri à l'ouest) est le pays accidenté et boisé où chaque vallon a son village, ses vergers, ses vignes, ses champs de maïs et sa population de petits propriétaires roumains. Cette zone s'étend jusqu'à Pitesci, Buzeu et au cours du Seret jusqu'en Bukovine.

2. A ses pieds le « camp » est le pays plat, dénudé, monotone, au sol limoneux bien imbibé au printemps, pulvérulent sous les chaleurs estivales. Il comprend le Satmar, la Crishana (Région des Crishs-Körös), la Temishana (Banat),

la Valachie, la Moldavie et la Bessarabie méridionales. Le nord de ces deux dernières provinces, quoique moins uniforme d'allure, participe au régime steppique des plaines basses. Le « crivetz » y souffle avec violence, glacial l'hiver, chargé de poussières l'été. La culture du blé et l'élevage dominent. Le peuplement est récent. Aujourd'hui encore de grands espaces attendent des colons.

3. Les bords du Danube, où le fleuve forme des lagunes et se divise en bras enserrant de longues îles (Balta), sont submergés au loin par la crue du printemps, marécageux l'été. Ils nourrissent une population de pêcheurs. Sur le cours inférieur le commerce fait vivre quelques ports.

C) Entre le Danube inférieur et la mer, la **Dobrogea** montre au nord quelques hauteurs boisées et quelques vallons humides ; le reste du pays est un plateau calcaire sec, à moitié désert, où les colons roumains et bulgares ont commencé la culture des céréales et l'élevage. La Dobrogea garde les bouches du Danube et la côte roumaine.

III. Vie économique. — Les montagnes ont pour ressources la forêt, l'élevage, les mines. Les bassins, la « podgoria » et les plaines sont exclusivement des centres agricoles.

1. Les **forêts** (chêne, frêne, hêtre, bouleau, sapin) occupent les deux cinquièmes de la Transilvanie et de la Bukovine. Mieux exploitées, elles pourront fournir le bois aux plaines roumaines, ukrainiennes, hongroises, qui en sont dépourvues.

2. L'**élevage** a été l'occupation primitive préférée du Roumain. C'est en conduisant leurs troupeaux hiverner dans les plaines que les pasteurs ont commencé à les peupler. Il y a deux fois plus de moutons que de bœufs. Les porcs sont nombreux en Bukovine et dans le Banat, les chevaux en Bessarabie et dans la plaine occidentale. Proportionnellement au nombre de ses habitants la Roumanie est plus riche en bétail que la France, quoique la guerre ait diminué fortement son cheptel : 2 M. chevaux, 5,7 bovins, 12 ovins, 3 porcs.

3. L'**agriculture** est la principale source de revenus : le

tiers du sol est en **céréales**. Le maïs domine en Transilvanie et dans la Podgoria : il est la nourriture essentielle du paysan. Le blé donne ses meilleurs rendements dans les plaines de l'ouest où se trouvent les plus riches terres et la culture la plus savante : il est répandu partout dans la steppe. L'irrégularité des pluies rend malheureusement les récoltes très variables. Les vignes sont dispersées dans les collines subcarpatiques et dans la Bessarabie méridionale, les vergers et les jardins partout; la pomme de terre est peu répandue sauf à l'ouest. Parmi les plantes industrielles, seule la betterave a quelque importance dans le Banat et en Valachie.

4. Le sous-sol contient en abondance le **pétrole** et le **sel**. La Roumanie vient au sixième rang des pays pétroliers après les États-Unis, le Mexique et la Russie, etc. Les sept huitièmes de la production sont donnés par la région de Prahova dans les montagnes au N.-O. de Bucarest. Capitaux, machines, techniciens sont fournis surtout par l'étranger, mais les trois quarts du pétrole sont réservés à la consommation nationale. Cette industrie souffre encore des destructions occasionnées par la guerre. Le sel est exploité dans les Carpates (Ocna). Le charbon donne 2,5 M. de t. dont 2 M. de t. de lignite et 400 m. t. de houille d'Oravitza (Banat); le fer de Transilvanie et du Banat 500 m. t.; l'or des Bihar 10 M. de fr., etc.

5. La Roumanie vit surtout de son agriculture; l'exportation des blés, des fruits et légumes, des bois, du bétail, des peaux et des laines lui permet d'acheter des tissus, des machines, etc. Le pétrole a introduit la grande exploitation industrielle moderne et procuré de grosses ressources par les ventes à l'Angleterre, à la France et aux pays méditerranéens. Le Banat a des usines métallurgiques appelées à se développer par l'utilisation totale du minerai, jusqu'ici partiellement exporté en Hongrie. Une circulation intense de marchandises est donc nécessaire. Le Dniester, le Prut, le Mures sont navigables dans leur cours inférieur. Les Roumains ont surtout le Danube, de Bazias jusqu'au delta : ils ont aménagé le chenal, créé les ports de Braïla (66 m.

hab.) et de Galatz (72 m. hab.); ils profitent des travaux de la Commission européenne sur le bras de Tulcea à Sulina; ils ont une flottille importante. Plus que le fleuve, les chemins de fer les mettent en communication avec l'Europe centrale; ils transportaient avant la guerre les objets manufacturés d'Autriche et d'Allemagne. **Bucarest** (700 m. hab.) est au croisement des voies qui conduisent à Budapest, Lwow et à la côte; c'est la capitale et un centre d'industrie alimentaires. Sur la mer Noire, Constantza a été doté d'un outillage moderne pour l'exportation du blé et du pétrole.

La Roumanie se débat encore au milieu de difficultés redoutables : assimilation progressive des nouvelles acquisitions, restauration financière, manque de capitaux, etc. En 1919 sa production en blé était de 37 p. 100 inférieure à la moyenne d'avant la guerre, celle du pétrole de 50 p. 100. L'avenir cependant apparaît favorable. Le nouvel Etat est suffisamment homogène. Il a un excédent de produits agricoles à fournir à ses voisins industriels de Tchéco-Slovaquie et d'Allemagne et par mer à l'Angleterre, à la Belgique, à la France. Il a de grandes ressources en pétrole qui assurent une garantie aux capitaux dont elle a besoin pour son relèvement économique.

2° La Bulgarie.

1. — La Bulgarie devenue libre en 1878 s'agrandit en plusieurs étapes jusqu'en 1918. Ses frontières actuelles ont été fixées par le traité de Neuilly (1919) qui lui a enlevé quelques petits territoires à l'ouest au profit de la Yougo-Slavie et la Thrace occidentale, son unique débouché sur la mer Egée, au profit de la Grèce : 100 m. kmq. et 5 M. d'habitants. Plus de 80 p. 100 sont des Bulgares de race jaune fortement slavisés. Les Turcs sont environ 500 m., puis viennent les Grecs. La Bulgarie du traité de San-Stefano (1878), s'est étendue un instant sur toute la Macédoine dont elle réclame comme siennes les populations extrêmement mélangées. Il y a des Bulgares dans la Thrace grecque et

turque, dans la Dobrogea et la Bessarabie roumaines et jusqu'en Russie méridionale.

II. — Au cœur de la Bulgarie s'élève la chaine du Balkan, du Timok au Cap Eminé. Au nord s'étale le plateau qui descend vers le Danube, puis la large vallée du grand fleuve. Au sud se succèdent des bassins fertiles et sur la frontière s'élève la masse du Rhodope.

1) Le Danube, large et semé d'îles basses, laisse sur la rive roumaine la plus grande partie de ses lagunes et s'appuie directement aux **terrasses bulgares** limoneuses qu'il use peu à peu. Malgré la concurrence des ports roumains, les ports bulgares de Vidin, Svistov et Roussé (Roustchouk, 41 m.) exportent par milliers de tonnes les produits agricoles, surtout les céréales : leur commerce égale les 2/5 du trafic maritime.

2) La terrasse de loess s'avance vers l'intérieur jusqu'à 40 à 50 km. et se continue sur le **plateau calcaire** qui s'élève lentement vers le Balkan. Des rivières parallèles, le Timok, l'Isker, la Jantra, etc., enfoncent profondément leurs vallées et varient le paysage. Le climat rappelle celui de la Valachie : des hivers très froids, des étés très chauds et souvent humides. Dans la steppe sur le loess uniformément riche, s'alignent les champs de blé, de maïs et de betteraves et se dispersent les villages bulgares. C'est la région la plus peuplée du royaume. La richesse ou la pauvreté dépendent de l'humidité ou de la sécheresse des étés. Des forêts de résineux, des maquis broussailleux, pâtis à moutons s'étendent sur les roches crétacées. Gabrovo a des fabriques de draps. Tirnovo, capitale religieuse sur la Jantra commande le passage du Balkan central et est relié par voie ferré à Sofia et à Varna, le premier port bulgare sur la mer Noire.

3) Le **Balkan** est une chaine granitique très élevée au centre où elle n'est franchissable qu'à la passe de Chipka (1 333 m.); à l'ouest de la vallée de l'Isker qui traverse entièrement la montagne le Midjur s'élève à 2 166 m. Vers la mer Noire au contraire la chaine s'abaisse et possède des cols nombreux et très accessibles. Le Balkan n'a pas empêché les populations de se mêler de part et d'autre de la chaine. Des

forêts de hêtres et de chênes, l'élevage constituent ses ressources principales. Le versant sud ensoleillé a du blé et du maïs, des arbres fruitiers et des vignes.

4) Le Balkan présente des pentes brusques au sud et se relie au Rhodope par le **pays rouméliote** où l'on voit des chaînons de roches anciennes dominer des bassins d'effondrement comblés par les alluvions fluviales et bordés d'épanchements volcaniques récents : ces bassins fertiles ont des hivers froids, des étés chauds et humides, des cultures prospères et des populations nombreuses. Celui de la Toundja supérieure, au sud du col de Chipka, avec Kazanlik et celui de la Strie̱ma supérieure avec Karlova sont célèbres par leurs champs de roses : trois usines et un grand nombre de paysans y fabriquent l'essence de roses (1924 : 1 700 kgs). La moyenne Toundja avec Slivena a de beaux vignobles et des mûriers. La vallée du haut Isker est un pays élevé, pauvre en forêts avec quelques petites cuvettes cultivées. Là se trouve **Sofia** (154 m. h.) à 565 m. d'altitude, la nouvelle capitale au carrefour de la péninsule des Balkans. Son fleuve la met en relations avec le Danube, les portes de Trajan avec la Maritza et Constantinople, la Nichava voisine lui ouvre l'Europe centrale. En amont Samakov a des mines de fer, Vratza des mines de cuivre. La large *vallée de la Maritza* avec Plovdiv (Philippopoli, 63 m. h.), cultive le blé et le riz, la vigne, les arbres fruitiers, le mûrier et le tabac. Céréales, vins, fruits, cocons, tabac en feuilles et cigares sont en partie exportés. La haute Strouma, qui descend vers la mer Egée a de la houille à Pernik (1,2 M. t. en 1923) et s'élargit vers la ville de Kustendil.

5) Le **Rhodope** (400 km. sur 150) est un vieux massif de formes lourdes avec des pointements volcaniques. Il s'interpose comme un écran entre la Bulgarie et la mer Méditerranée : ses principaux sommets (Muss-Alla, 2 929 m.) ont les neiges presque toute l'année. Les croupes et les pentes ont des forêts de pins et de hêtres et des pâturages que paissent les troupeaux transhumants. Pénétrant le Rhodope, des bassins agricoles ont attiré les populations, qui se sont répandues ensuite dans les plaines de Macédoine.

III. — La Bulgarie est un pays agricole de petits propriétaires : les 4/5 des exportations par le Danube, Varna et Bourgas sont des produits du sol (blé, farine, maïs, tabac, essence de roses); les seules industries bulgares importantes sont des distilleries, des minoteries, des sucreries. L'élevage est aussi très important dans les montagnes comme sur le plateau septentrional où abondent les troupeaux de moutons (9 M. de têtes, autant qu'en France, 1,3 M. de chèvres).

La Bulgarie commence seulement à utiliser sa houille blanche et à exploiter ses mines (charbon, fer, cuivre) et ses eaux thermales. Elle restera longtemps encore un marché d'importations de produits textiles et métallurgiques. D'où l'importance de ses voies ferrées et surtout de celle qui par Sofia, Nich et Belgrade l'unit aux pays industriels de l'Europe centrale.

CHAPITRE XI

L'Europe orientale.

Finlande, Etats Baltes et Pologne.

La défaite et la révolution ont amené la dislocation de l'Empire des Tsars. Cet Etat était une construction de la dynastie des Romanof qui avait rassemblé toutes les terres russes sous une même domination (Ukraine, xviie siècle ; Russie Blanche, Volynie, Podolie, 1772-1796) et conquis les pays de la Baltique et de la mer Noire ainsi que la Pologne pour atteindre la mer et se rapprocher de l'Europe (Provinces baltiques, 1721 ; Nouvelle-Russie, Crimée, Caucasie du Nord, fin du xviiie siècle : Finlande, 1809 ; Bessarabie, 1812). L'œuvre n'était pas achevée puisque l'hostilité des grandes puissances avait empêché en 1829, 1854, 1878 la conquête de Constantinople et des détroits, c'est-à-dire le libre accès à la Méditerranée. Un effort moins important à l'est avait permis l'acquisition d'immenses territoires de colonisation jusqu'aux chaînes de l'Asie centrale et à l'océan Pacifique ; de ce côté l'armée japonaise avait arrêté en 1905 la poussée impérialiste russe. En 1914 le Tsar commandait à 178 M. d'hommes inégalement répandus sur un espace quarante fois plus grand que la France. En Europe, la Russie comptait 144 M. d'habitants sur 5,4 M. de kmq. Les trois branches de la famille russe (Grands-Russiens, 70 M. ; Petits-Russiens, 30 M. ; Blancs-Russiens, 4 M.) occupaient le cœur

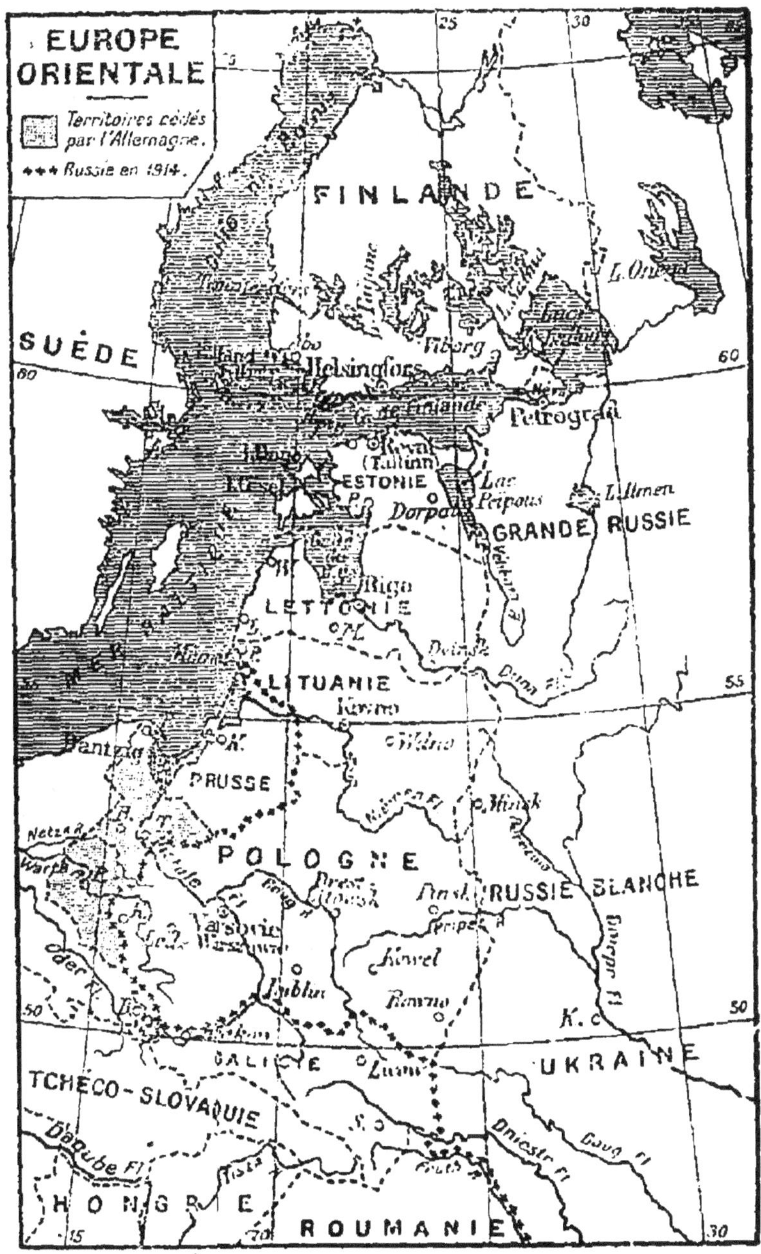
EUROPE
ORIENTALE
Territoires cédés
par l'Allemagne.
+++ Russie en 1914.
SUÈDE
FINLANDE
L. Onega
Viborg
Helsingfors
G. de Finlande
Petrograd
Reval
(Tallinn)
ESTONIE
Dorpat
Lac
Peipous
L. Ilmen
GRANDE RUSSIE
Riga
LETTONIE
Dvinsk
Duna Fl.
LITUANIE
Kowno
Wilna
Dantzig
PRUSSE
Minsk
Netze R.
Warta Fl.
POLOGNE
Brest
Litovsk
Pinsk
RUSSIE BLANCHE
Pripet
Oder Fl.
Varsovie
Boug
Sarni
Lublin
Rovno
K. c
GALICIE
Lemberg
UKRAINE
TCHÉCO-SLOVAQUIE
Dniestr Fl.
Boug Fl.
Danube Fl.
Tisza
Pruth
HONGRIE
ROUMANIE

de l'Empire, régions du Volga et du Dniéper. Les Allogènes vivaient à la périphérie : Finlandais, 3 M.; Estes, 2 M.; Lettons, 2 M.; Lituaniens, 3 M.; Polonais, 15 M.; Roumains, 2 M.; Israélites, 6 M., à l'ouest; Turco-Mongols à l'est, 6 M.; etc. Parallèlement à la conquête, le gouvernement avait fait un vaste effort de centralisation, destiné à donner une vie commune à cette confusion de peuples. Peu à peu la langue russe devenait partout officielle et la religion orthodoxe était répandue par la contrainte. Ces tentatives irritaient les Allogènes, d'autant plus que la plupart étaient arrivés à un stade de civilisation plus avancé que leurs maîtres et considéraient l'assimilation comme une déchéance. La « russification » était devenue particulièrement violente et active sous les deux derniers tsars. Aussi la débâcle de 1917 a-t-elle amené les Finlandais, les Estoniens, les Lettons, les Lituaniens et les Polonais à proclamer leur indépendance. L'avenir choisira entre le maintien de ces Etats ou l'établissement d'une fédération de l'Europe orientale.

1° La Finlande.

A) 377 m. kmq.; 3 500 000 habitants. A l'occident, le pays touche au Torne Elf et au golfe de Botnie dont la plupart des îles lui appartiennent. Au sud, au golfe de Finlande et au Ladoga. A l'est, un traité avec la Russie (1919) a étendu la frontière de l'ancien grand-duché à la limite des terres finnoises et lui a permis l'accès de la mer Blanche. La Finlande avait réussi sous le régime russe à maintenir son autonomie presque entière, avec le suédois et le finnois comme langues officielles. Les cinq sixièmes de la population sont des Finnois, une des plus anciennes races de l'Europe orientale, de souche jaune. La civilisation et la religion leur sont venues par les Suédois qui sont nombreux et influents aujourd'hui dans les îles (Aland, 97 p. 100), sur la côte occidentale et dans les villes. Les institutions démocratiques et les mœurs rappellent celles de la Scandinavie. Les Allemands ne sont qu'une poignée (3 000) et les

Russes sont de moins en moins nombreux depuis l'indépendance du pays (9 décembre 1917).

B) La Finlande est la partie orientale du « bouclier baltique », vaste terre précambrienne plissée, rabotée par une longue érosion, disloquée de nouveau à l'époque tertiaire et encore soumise à un gauchissement qui en relève la partie centrale. Souvent la roche est cachée par un manteau de dépôts glaciaires qui donnent au paysage son allure caractéristique.

a) Au sud, le **golfe de Finlande** semé de bas-fonds, de bancs de sables, de rochers et d'îles, se continue au delà de l'isthme carélien par le lac Ladoga. La côte, sous la latitude de Pétrograd et d'Oslo, a le climat le plus favorable de tout l'Etat; cependant le golfe n'est libre de glaces qu'en mai et on observe parfois des températures de — 30°. Helsingfors, la capitale (183 m. hab.), a une vieille Université, un port fréquenté, une flotte importante, des industries variées. Viborg (28 m. hab.) et Abo (55 m. hab.) desservent grâce aux chemins de fer les deux extrémités du golfe.

b) Le centre est le **plateau des lacs**. Les cavités creusées par les glaciers dans le sens des plissements anciens et des dislocations tertiaires (N.-O.—S.-E.) sont remplies d'une infinité de lacs sinueux et reliées entre eux par des canaux. Le système du Saïma s'écoule vers le Ladoga, le Païjane vers le golfe de Finlande, les cuvettes autour de Tammerfors dans le golfe de Botnie. Les torrents glaciaires ont aligné des collines allongées de cailloux roulés (œsar). Les moraines frontales forment la barrière courbe de la Salpauselka, parallèle à la côte et traversée en rapides par les rivières (l'Imatra). Les dépressions sont tantôt marécageuses et tantôt recouvertes d'argiles glaciaires donnant un bon sol agricole. L'altitude varie de 50 à 150 mètres, le pays est pittoresque et très varié. L'étendue bleue du lac, l'horizon forestier, la clairière cultivée en sont les aspects essentiels. L'eau occupe 32 p. 100 de la surface; 60 p. 100 du sol, plaines humides ou coteaux, sont le domaine de la forêt de pins et d'épicéas, mêlés au sud de chênes et d'érables, au nord de bouleaux ; les champs et les prairies occupent le reste. La population (16 hab. au kmq.) vit dans des fermes nombreuses (150000 ont moins de 3 ha.), cultive un peu d'avoine, de seigle, d'orge et de pommes de terre, pratique l'élevage qui donne le lait et le beurre et exploite les bois. Tammerfors (45 m. hab.) est l'agglomération la plus importante, nœud de voies ferrées. La circulation se fait surtout par les bateaux qui parcourent par milliers les lacs, les rivières, les canaux.

c) Au nord, l'**Ostrobotnie** est plus monotone : le relief est uniforme, les lacs rares, des rivières parallèles drainent le sol vers le fond du golfe. Malgré la haute latitude, 62° à 65°, la région côtière est cultivée sur les plaques argileuses (les céréales et la pomme de terre mûrissent grâce à la longueur des journées d'été). L'intérieur, entièrement boisé, est désert.

d) Au nord du golfe de Botnie, le pays du Torne-Elf et du Kemi-Elf s'élève peu à peu jusqu'à 800 mètres dans les monts de **Laponie**. Sous le cercle polaire, 66° à 70°, le pays est forestier jusqu'à 500 mètres d'altitude et l'orge peut mûrir jusqu'au 68°. A part quelques Lapons éleveurs de rennes, quelques chasseurs, quelques pêcheurs, le nord de la Finlande est vide d'habitants.

C) On voit l'économie générale de la Finlande. La population occupe la côte et le plateau des lacs et vit de la forêt et de l'élevage plus que de la culture. Le bois sert au chauffage, à la construction des maisons, à la fabrication des meubles, de la pâte à papier, etc. Le bétail fournit la viande, les peaux, le beurre, etc. L'exportation de ces produits atteint 60 à 70 p. 100 du total. L'agriculture est insuffisante pour la nourriture de 3,5 M. d'habitants et l'importation comprend, en dehors des denrées coloniales, de gros contingents de sucre et de farine. La pêche du saumon, de la truite, de l'anguille, la chasse des animaux à fourrures ajoutent quelques ressources. Les mines de fer ne donnent pas 50 m. tonnes. Les seules industries sont celles du bois et du papier pour la vente à l'étranger, les textiles et les ouvrages mécaniques pour la consommation intérieure. La Finlande restera longtemps tributaire de l'étranger pour les produits alimentaires et les produits fabriqués.

Mais elle a des réserves inépuisables dans ses immenses forêts.

2° Les Etats baltes.

A) Du golfe de Finlande au Niémen (60° à 55° latitude) s'étendent les provinces baltiques. Le sol se rattache à la plate-forme russe : il est formé de calcaires et de grès horizontaux anciens, recouverts au sud de terrains tertiaires variés. Cette structure est cachée d'ailleurs sous un manteau épais de dépôts glaciaires. Les blocs erratiques sont, comme en Finlande, semés partout. Les croupes morainiques de la Prusse orientale se continuent avec la même allure en Lituanie et en Lettonie (argiles, sables et cailloux, multitude des lacs). L'altitude maxima est de 324 mètres. Sur la côte s'ouvre le golfe de Riga aux rives sablonneuses et plates. Le drainage est insuffisant à cause de la faiblesse du relief et du sol argileux : les rivières s'étendent largement dans un pays semé de marécages. La Narova déverse au nord le lac Peïpous. Seuls la Duna et le Niémen sont navigables, en dehors de la Narova. Les pluies tombent en toute saison (60 centimètres), mais plus fréquemment de juillet à novembre ; l'hiver est froid, la mer gèle même à Polangen. Cependant l'humidité de l'air et du sol rendent les écarts de température beaucoup moins grands qu'en Russie. Le climat favorise la forêt et les prairies.

B) Les provinces baltiques comptent environ 8 M. d'habitants sur 200 m. kmq. Les Estoniens (1 600 m.) sont de race et de langue finnoise, comme les derniers Livoniens du nord de la Courlande Les Lettons (2 M.) et les Lituaniens (3 M.) sont Slaves. La civilisation a été apportée au moyen âge par les ordres militaires allemands. Depuis, ces pays ont subi bien des viccisitudes. En 1386, les royaumes de Lituanie et de Pologne se sont unis : le catholicisme y demeurera toujours la religion officielle. L'Estonie et la Lettonie passent aux Suédois, d'où leur profession luthérienne, puis aux Russes. Partout les indigènes finnois et slaves sont dominés par des aristocraties étrangères : les Allemands forment la noblesse rurale et la bourgeoisie urbaine au N.-O., les Polonais en Lituanie ; les Suédois sont influents dans les îles Dagœ, Mohn, OEsel et sur la côte estonienne ; les Russes sont plus de 300 m. en Estonie et en Lettonie. Il faut ajouter l'élément israélite, très nombreux au sud : dans le gouvernement de Kovno, il constitue 17 p. 100 de la population totale et 57 p. 100 de celle des villes. Le mouvement national a amené la formation de trois Etats suivant les vieilles divisions ethniques :

Estonie : 47 m. kmq. et 1 100 m. habitants, capitale Tallinn (Reval) (130 m. hab.).

Lettonie ou **Latvie** : 65 m. kqm. et 1 900 m. habitants, capitale Riga, 325 m. h.

Lituanie ou **Litvie** : 60 m. kmq. et 2 150 m. habitants, capitale Kaunas (Kowno), 90 m. h. Memel (Khaipeda) et son territoire ont été cédés en 1924 à la Lituanie sous réserve du maintien d'un régime autonome et de la liberté du transit.

Les majorités nationales gouvernent aujourd'hui ces trois Etats, mais ce sont les minorités qui depuis longtemps ont commencé la mise en valeur du pays.

C) La forêt n'occupe plus aujourd'hui que 20 à 25 p. 100 du sol (conifères, bouleaux, aulnes, chênes) : l'Estonie est la mieux pourvue. Les cultures principales sont le lin et la pomme de terre, puis le blé au sud, le seigle, l'avoine, l'orge au nord. Les bêtes à cornes sont nombreuses. La culture est plus savante qu'en Russie (fermes, machines, engrais). Le régime des terres est en voie de transformation : la grande propriété et le fermage dominent, mais déjà beaucoup de paysans sont propriétaires, grâce à la politique de russification qui s'attachait à diminuer l'importance de la noblesse allemande ou polonaise.

Bois, agriculture et élevage alimentent des industries actives et fournissent une grosse exportation : scieries, fabriques de cellulose et de pâte à papier ; distilleries, filatures de lin ; beurres et fromages. Les provinces baltiques ont donc dépassé le stade purement agricole. Une ressource supplémentaire leur est donnée par leur situation comme débouchés maritimes de la Russie. Reval, Riga, Libau (Leepaia), Memel sont reliés par des voies ferrées avec l'intérieur. Riga, par la Duna et l'Oulla, atteint la Bérézina et le Dniépr; il était en 1914 le premier port d'exportation des céréales et des bois qui y arrivaient par le flottage; la Lettonie a accordé aux Russes des emplacements et des dépôts spéciaux dans ce port dans le but de continuer ce commerce. Avant la guerre, le trafic des ports baltiques comprenait des bois, des grains, du lin, du pétrole à la sortie; des denrées coloniales, du sel, des harengs, de la houille, du vin, des machines à l'entrée : il assurait donc la vente des produits et le ravitaillement de la Russie.

3° La Pologne.

A) La Pologne a péri en 1795 parce qu'elle n'avait pas su former un Etat homogène en face des trois monarchies ambitieuses de Russie, de Prusse et d'Autriche. Napoléon constitua le grand duché de Varsovie (1807-1814), le Congrès de Vienne le royaume de Pologne sous la suzeraineté du Tsar (1815-1830) et la république de Cracovie (1815 1847). Aucune de ces créations éphémères ne réunissait toute la nation slave et catholique. Les Polonais n'ont cessé de défendre leur sol, leur langue et leur religion contre les efforts de la germanisation et de la russification. Grâce à leur forte natalité, ils ont pu se maintenir en une masse compacte et sans cesse accrue, qui a résisté efficacement à toutes les tentatives de colonisation. La défaite des Etats oppresseurs a permis la résurrection de la Pologne. A la Pologne russe (13 M. d'hab.), le traité de Versailles a ajouté la Posnanie et une partie de la Prusse occidentale (3 M. d'hab.). La Galicie (8 M. d'hab.), dont la partie orientale n'est pas officiellement attribuée, est occupée et administrée par le gouvernement de Varsovie. La conférence des ambassadeurs a donné en 1920 la partie orientale de la Silésie de Teschen (Cieszyn) avec 150 m. hab. et 28 villages des Carpates dans la région de Spisz et Orava (40 m. hab.). Le traité polono-russe a poussé la frontière orientale jusqu'à l'est de Vileika, Pinsk, Rovno, englobant la moitié de la Podlésie et de la Volynie avec environ 3 M. d'habitants. En Haute-Silésie, la décision des

Alliés (octobre 1921) donne à la Pologne les districts de Rybnik et Pless ainsi que la région industrielle autour de Katowice, Krolewsa Huta (Kœnigshutte), Tarnowsky et Lubliniec (980 m. hab.). Wilno (Vilna) a été cédé en mars 1923 par une décision de la Conférence des Ambassadeurs.

L'accès à la mer a été réglé en laissant à la Pologne l'entière disposition de la Vistule et l'utilisation du port de Danzig (Gdansk) qui devient un port libre. Ainsi constituée la Pologne s'étend sur 386 m. kmq. et compte 28 M. d'habitants. Le bloc polonais catholique comprend la Posnanie, la Pologne russe et la Galicie occidentale où vivent environ 20 M. d'hommes. A l'ouest, les Allemands sont 2 M., à l'est, les Ruthènes et les Blancs Russiens, environ 3 millions parmi lesquels se dissémine une aristocratie polonaise puissante. Partout répandus, mais plus nombreux dans les villes, les Israélites sont plus de 2 M. La Pologne nouvelle n'a d'unité ni de race, ni de langue, ni de religion.

B) Elle n'a pas davantage d'unité physique.

a) Au sud, la frontière est solidement fixée aux **Carpates** Les grès et schistes marneux qui les constituent sont découpés en chaînons courts par les affluents supérieurs de la Vistule et du Dniester : les grès sont forestiers, les schistes portent des pâturages et des cultures. La montagne finit à l'ouest vers Teschen où s'ouvrent la dépression morave sur le Danube et le col de Jablunka sur la Slovaquie. Les passages faciles des Carpates boisés à l'est sont plus excentriques et de moindre valeur.

b) **La dépression subcarpatique** que l'on suit de Cracovie à Sandomierz sur la Vistule, à Jaroslaw sur le San et au Prut supérieur, est un pays de collines généralement limoneuses et de plaines alluviales fertiles. C'est une zone découverte comme la steppe russe qui lui succède ; elle a de riches cultures et une population paysanne polonaise et ruthène très nombreuse. Les gisements de sel de Wieliczka, de potasse de Kalusz et de pétrole de Boryslaw ajoutent des ressources de premier ordre. Cracovie (Krakow, 181 m. hab.), vieille capitale politique et intellectuelle, commande les passages vers la Moravie et la Silésie.

c) Au nord, la Vistule sépare deux régions d'allure différente :

1 . A gauche, s'élèvent deux débris de chaines hercyniennes, le **plateau de Tarnowitz**, riche en charbons et en minerais (zinc, plomb, fer) et la **Lysa Gora** aux crêtes calcaires pittoresques. Le bassin houiller s'étend à la lisière méridionale du premier : il est surtout exploité de Kœnigshutte à Sosnowice et Jaworzno, mais plus au sud les districts de Rybnik et Mikolow renferment d'immenses réserves que l'on commence à peine à utiliser. L'ensemble a produit en 1924 30 M. de tonnes. La richesse du sous-sol a amené un gros développement industriel et une population urbaine très dense.

2. Entre la Vistule et le Bug, les étendues monotones du plateau crayeux de Lublin se continuent au S.-E. par le **plateau galicien** couvert de moraines et découpé par des rivières qui vont à la Vistule et au Dniester : Lemberg (Lwow, 207 m. hab.), sur le seuil de partage des eaux, garde les communications vers les cols des Carpates, la Moravie et la mer Noire. Le sous-sol primaire, les horizons découverts, les cultures annoncent la Russie.

d) La grande **plaine polonaise** commence au nord de ces plateaux de faible altitude : elle fait la liaison entre l'Allemagne septentrionale et la Russie, elle est le point de contact et de lutte entre Germains, Polonais et Russes : aucun obstacle aux frontières, ce qui fut de tout temps une faiblesse pour l'Etat. Le sol est recouvert de dépôts glaciaires le plus souvent argileux. Les rivières ont remanié les terrains et déposé leurs alluvions : Warta, Vistule et Bug s'étalent largement dans des vallées plates; le Pripet draine vers le Dniépr une région sans pente, couverte de forêts marécageuses. Le climat rappelle celui de l'Europe centrale, mais les écarts de température augmentent vers l'est en même temps que diminuent dans la même direction les pluies et la nébulosité. La plaine polonaise a vécu longtemps exclusivement de ses forêts et de son agriculture. Les vieilles cités, Posen (Poznan), Bromberg (Budgosz), Thorn (Torun), étaient des forteresses. La grande industrie est née au xixe siècle autour de **Kalisz**, de **Lodz**, Zgierz, Osorkow, etc. et de Varsovie : coton, laine, bonneterie, teinturerie, vêtement, produits alimentaires, métallurgie, etc. Lodz (450 m. hab.) est une ville toute nouvelle. **Varsovie** (Warszawa, 935 m. h.), capitale actuelle, à un carrefour de rivières, s'est accrue considérablement depuis l'établissement des voies ferrées et des industries textiles et autres.

c) Au nord de la vallée de la Netze, aux fonds de tourbières et de sables et aux collines limoneuses fertiles, le couloir polonais traverse les **croupes baltiques**. Là se sont déposés les matériaux de la moraine terminale de la dernière glaciation (point culminant, 334 mètres). Le versant sud a des sables et des graviers portant des landes et des bruyères. Le versant nord a des lacs reposant sur un fond d'argile. Sur la côte, les vents ont accumulé les sables sur la plage basse de Putzig et la presqu'île de Héla.

C) Les **ressources économiques** sont énormes, mais le pays a été dévasté par la guerre, les finances sont précaires et l'organisation de l'Etat inachevée.

a) La Pologne dispose d'une **main-d'œuvre abondante**. Sa population est la plus prolifique de l'Europe : 38 naissances pour 1 000 habitants. L'émigration enlevait chaque année un fort contingent : Posnaniens vers la région rhénane, Israélites et Polonais de Russie et de Galicie, vers l'Amérique. La majorité des départs étaient dus aux persécutions ou au régime défavorable de la propriété (lois prussiennes d'expropriation, latifundia surtout au nord et à l'est, etc.) Le gouvernement polonais a fait plusieurs lois agraires. Celle du 15 juillet 1920 met à la disposition de l'Etat les terres d'Eglise, les terres mal exploitées ou acquises par spéculation et tous les grands domaines au delà de la limite de 60 ha. près des villes, 180 ha. au centre, 400 ha. à l'est et à l'ouest; l'indemnité est réduite à la moitié ou au tiers de la valeur; des lots de 15 ha. sont donnés gratuitement aux anciens soldats, ou avec un long crédit aux autres citoyens qui les demandent. La petite propriété, déjà nombreuse en Galicie et en Pologne russe, est donc en voie d'extension et contribuera à retenir de nombreuses familles que la misère poussait à s'expatrier.

b) **L'agriculture** occupe 60 à 75 p. 100 des habitants suivant les régions. Les céréales fournissent en moyenne 150 M. de quintaux dont la moitié en seigle, le quart en avoine, le septième en blé, etc. : les meilleurs procédés de culture et les meilleurs rendements sont en Posnanie (cette province produisait 20 p. 100 des céréales de l'Allemagne) et en Galicie. Pour la pomme de terre, la Pologne est le second producteur européen (après l'Allemagne); pour la betterave, le quatrième : elle produit 1,2 M. d'hl. d'alcool et 4 à 600 m. t. de sucre. Le lin, le colza, les pois, les haricots ont aussi une grande importance pour l'exportation. Le bétail est estimé à 9 M. de bovins, 4 M. de chevaux, 4 M. de moutons, 7 M. de porcs; en 1914, la Pologne fournissait du beurre et des œufs à l'Europe occidentale. Les bois (8 M. d'ha., dont les deux tiers en haute futaie) sont mal exploités, sauf à l'ouest où la Vistule achemine les convois vers les ports. Au total, une production variée, abondante, partiellement utilisée par l'industrie et exportée.

c) La richesse du sous-sol fait prospérer les industries extractives, métallurgiques et textiles. Au S.-O. la **houille** donne 30 M. de t.; le **pétrole** galicien, 700 m. t.; le **sel** de Posnanie et de Galicie, 250 m. t.; le **zinc** de Silésie, 80 m. t.; le **fer**, 450 m. t. La métallurgie est concentrée à proximité du combustible (Kœnigshutte et Katowice), les textiles (coton et laine, etc.) autour de Varsovie et Lodz. Il faut ajouter les industries alimentaires partout répandues. La Pologne est le seul pays de l'Europe orientale où la production manufacturière ait donné lieu à une énorme concentration de capitaux et à un groupement de centres ouvriers excessivement peuplés. Sa position est avantageuse comme fournisseur des pays agricoles qui la touchent à l'est.

d) Malheureusement le **matériel commercial** est notoirement insuffisant. La Pologne souffre d'avoir été longtemps partagée entre trois États d'intérêts divergents : les chemins de fer sont peu nombreux, surtout dans la Pologne du Congrès où ils ont l'écartement des voies russes. La Vistule n'est guère aménagée (50 centimètres de profondeur, utilisable en amont de Varsovie). La Warta, la Netze, le canal de Bromberg, le Bug, le canal Royal et le Pripet constituent seuls une série de voies transversales précieuses. La Pologne ne dispose que du port indépendant de Danzig sur la Vistule et du port lituanien de Memel à l'embouchure du Niémen internationalisé. Seuls des accords économiques et des relations amicales avec les Etats voisins pourront améliorer cette situation désavantageuse.

CHAPITRE XII

L'Europe orientale (suite).

La Russie (U. R. S. S.).

I. — Même si les Etats de sa frontière occidentale lui échappent définitivement, la Russie conserve environ 138 M. d'habitants et 20,4 M. kmq. Elle forme aujourd'hui (Constitution du 6 juillet 1923) une fédération de Républiques sur la base des nationalités : Union des Républiques socialistes soviétiques) :

1) La plus importante la **Grande Russie** (95 M. d'hab.), capitale Moscou, s'étend de Pétrograd à Vladivostok. Elle comprend 22 subdivisons autonomes. La masse est constituée par les grands Russes sur la Volga et le Don supérieurs, fondateurs de l'Etat. La Carélie réunit les Finnois en lisière de la Finlande. A l'est les Tartares, les Bachkirs, les Tchouwaches, les Votiaks, populations jaunes, sur la Volga moyenne vers Saratov les anciens colons allemands ont leur régime particulier, etc.

2) L'**Ukraine** (27 M. d'hab.), capitale Kharkov, réunit les petits Russes du Boug au Donetz autour de Kiew (350 m.), leur ville sainte.

3) La **Russie Blanche** (4 M. d'hab.), groupe autour de Minsk la plus misérable des populations slaves.

4) La **Transcaucasie** est composée de l'Azerbeidjan, de la Géorgie et de l'Arménie (6 M. d'hab.).

5) Les Républiques alliées de **Boukhara** et de **Khiva** en Asie, de **Moldavie** sur la rive gauche du Dniester ont 6 M. d'habitants.

La Russie d'Europe jusqu'à l'Oural et au Caucase a 110 M. d'habitants sur 4 500 kmq. Elle est plus homogène qu'en 1914 : il ne reste en dehors des Slaves que 3 M. d'Israélites à l'ouest, 6 M. de Turco-Mongols à l'est, quelques Finnois. Elle est aussi plus isolée : les traités l'ont rejetée de l'Europe centrale, éloignée de la Baltique où elle ne garde guère que Pétrograd et Kronstadt, écartée des bouches du Danube. Elle a perdu le contact avec l'Allemagne sa meilleure cliente (30 p. 100 en 1913) et son principal fournisseur (50 p. 100 en 1913), le libre usage des ports de Revel, Riga, Libau et la possession des pays les plus civilisés de l'Empire des Tsars.

II. — Entre la Finlande et l'Oural, les montagnes de Crimée et le Caucase, la Russie est une plaine infinie, continuée par les faibles profondeurs de la mer Blanche au nord, de la mer d'Azov au sud (— 14 m.). Au centre le Valdaï et le plateau de la Volga dépassent à peine 350 m. Cette uniformité s'explique par l'histoire géologique du sol. Au nord-ouest, la Finlande est un très vieux massif aplani dont la limite est marquée par la dépression profonde des lacs Ladoga (— 100 m.) et Onéga (— 600 m.). A l'est l'Oural montre des roches cristallines, gneiss, granit, porphyres, plissées et disloquées. Il y a aussi dans le sud de l'Ukraine et dans les hauteurs de Timan au nord quelques terrains plissés. Partout ailleurs des dépôts horizontaux ont recouvert la plate-forme russe, plus récents à l'Ouest qu'à l'Est, au Sud qu'au Nord. Ils n'apparaissent d'ailleurs que çà et là dans les vallées, où ils forment les escarpements de la rive droite du Dnieper, du Don et de la Volga : une couche épaisse de matériaux de transport voile presque entièrement le sous-sol et ajoute à la monotonie du paysage

Les glaciers quaternaires scandinaves se sont avancés jusqu'à Toula et Nijni-Novgorod : les régions de Pskov et de Pétrograd sont recouvertes d'immenses moraines et parsemées de lacs ; en avant de cette zone, immenses étendues plates, sablonneuses ou argileuses (podzol) où prospère la forêt. Au-delà des limites glaciaires, il y a partout des dépôts éoliens analogues au œss et modifiés suivant les lieux par le climat. Au N.-E. vers Kazan, sols acides de forêts. En écharpe de Kief à Oufa sur 4 à 600 km. de largeur, terres noires (tchernoziom) de steppes, riches en humus, très fertiles. Au voisinage de la mer Noire et de la mer d'Azov, terres grises où la végétation est rare. Enfin vers la Caspienne, sols salins désertiques, fond d'anciennes mers.

Le climat, agent principal de la transformation des sols glaciaires et éoliens est en rapport avec l'immensité des plaines, où aucun obstacle n'arrête les vents, les pluies et les tempêtes. La Russe, éloignée des mers tempérées occidentales et profondément enchâssée dans le continent, connaît de gros écarts de température. Les hivers sont partout froids, très froids au Nord à cause de la courte durée des jours : Odessa 90 jours de gelée, Pétrograd 150, Yougov 240. Les étés sont partout chauds ($+22°$ Olessa ; $+15°$ Arkangelsk sous le $62°$ parallèle) mais inégalement longs (7 à 3 mois). Les températures sont plus extrêmes à l'Est car les influences maritimes disparaissent complètement et la sécheresse augmente : Londres $14°$ écart entre les saisons, Kiew 25, Saratov 32 ; Londres $+3,5$ moyenne de l'hiver, Moscou $—11°$, Oural $—16°$. Les saisons intermédiaires font défaut et l'on passe sans transition de l'hiver à l'été.

Les vents sont violents, soulèvent l'été des tempêtes de poussière et produisent l'hiver des « bouranes » de neige. Du côté de l'Europe dominent les vents relativement pluvieux du S.-O., du côté de l'Asie les vents secs du S.-E. Aussi les précipitations diminuent-elles progressivement vers la Caspienne et l'Oural : Kiew reçoit 53 cm., Astrakan 15 seulement, Nulle part il n'y a abondance de pluies. Elles suffisent pourtant sur les 2/3 de la surface car elles tombent surtout l'été. Les régions orientales exposées aux sécheresses n'ont que des cultures précaires et l'élevage extensif.

III. — Les régions de la Russie sont déterminées par le sol et le climat.

a) Les **toundras**, sous le cercle polaire ont un sous-sol perpétuellement gelé et imperméable, 9 mois d'hiver, 3 mois d'été. Les arbres ne peuvent y vivre. La végétation se compose de buissons de saules, de mousses et de lichens dont se contentent les rennes. Quelques milliers de Samoyèdes et de Lapons nomades vivent de chasse et de pêche sur ces terres inhospitalières.

b) La **forêt** occupe 40 p. 100 du sol en Russie. Elle débute au N.-E. par une zone d'arbustes rabougris au contact de la toundra, se continue par d'immenses fourrés de conifères impénétrables sauf au bord des fleuves, puis par des bois mixtes de sapins, de bouleaux, de tilleuls et de chênes. Dans les bassins de la Dvina et de la Petchora, où la forêt occupe jusqu'à 85 p. 100 de la surface, 1/100 à peine du sol est en culture et la pêche des saumons et des éperlans est la principale ressource des habitants (1 par kmq.). Plus au sud, les Grands Russiens ont depuis longtemps élargi les clairières, étendu leurs cultures, semé leurs villes et créé des industries. C'est sur la Volga supérieure et ses affluents qu'est le véritable centre de la Russie. C'est le pays monotone des sapins, des tilleuls, des bouleaux argentés aux feuillages fauves, avec des intercalations de landes et partout des maisons de bois sombres et misérables.

Les bois servent au chauffage des foyers et des machines, à la confection des maisons, des bateaux, des outils, des chaussures, etc. : ils sont coupés l'hiver par des « artèles », associations d'ouvriers qui abattent les arbres et les traînent au bord des cours d'eau ; ils font vivre des centaines de milliers de « koustaris » qui en de petits ateliers fabriquent des meubles, des traîneaux, des roues, du goudron, etc.; ils alimentent aussi en matière première de grandes scieries, fabriques de cellulose, de térébenthine, etc. Les cultures occupent le tiers du sol : seigle, base de la nourriture du paysan russe, blé d'hiver protégé des grands froids par une bonne couche de neige, avoine, orge. Il y a aussi beaucoup de lin et de chanvre. Les bœufs et les chevaux abondent : ils sont surtout destinés aux travaux agricoles et aux transports. Là se trouve **Moscou** (1 500 m. h.), héritière de Sousdal et de Vladimir les vieilles capitales : c'est la ville sainte avec son Kremlin qui réunit derrière ses murailles les églises, les palais et les casernes ; c'est aussi une grande ville industrielle avec des tissages de coton, de lin, de laine et de soie ; c'est enfin le carrefour des voies ferrées de l'Empire. Là se trouvent à l'est Nijni-Novgorod, sur l'Oka, célèbre par ses foires, à l'ouest Tver, tête de navigation de la Volga, au sud Toula (130 m. hab.) avec ses mines de houille et de fer et ses usines métallurgiques. La Volga, navigable 190 jours par an, et les autres rivières emportent les bois et les céréales, ramènent le naphte du Caucase, portent des milliers de barques de pêcheurs. La population atteint 100 hab. au kmq. autour de Moscou, 60 plus loin. C'est ici le centre de la puissance moscovite : à l'abri des forêts, dans les clairières se multiplièrent les Grands Russiens qui en sortirent ensuite, refoulèrent les nomades musulmans de la steppe et fondèrent l'État Russe.

Vers Pétrograd, Novgorod et Pskov les lacs et les marécages se multiplient, la culture du lin devient dominante, le peuplement est plus faible (10 h. au kmq.). C'est une région de lisières au contact des Estes, des Latviens qui tiennent les routes de la Baltique. *Pétrograd* (officiellement **Leningrad**, 950 m. h), dans les marais de la Néva, au point le plus oriental de la Baltique, à la limite des terres russes est née par la volonté du tsar Pierre le Grand : c'est une ville neuve avec des rues régulièrement tracées, des faubourgs où se pressent les usines métallurgiques et textiles, une banlieue où abondent les anciennes résidences d'été de l'empereur et de la noblesse. Pétrograd est le seul grand port russe du N.-O. depuis 1918. Les deux autres villes prospères au temps de la Hanse sont aujourd'hui réduites au rôle de marchés locaux.

Appartient encore au domaine forestier, la *Russie Blanche*, pays de la Duna moyenne et du Pripet. L'imperméabilité du sol et le manque de pente expliquent les vastes étendues marécageuses. Forêts de chênes, maigres cultures, élevage du porc sont les seules ressources. Minsk au Nord dans la partie la moins humide a 103 m. hab. La population est misérable (10 h. au kmq.).

3) Les **terres noires** (tchernoziom) sont le grenier de la Russie. Elles couvrent l'Ukraine, pays du Boug, du Dnieper et du Donetz moyens ; elles se poursuivent à l'est jusqu'à la Volga entre Kazan et Saratov et jusqu'à l'Oural entre Oufa et Orenbourg. La terre arable épaisse souvent de 3 m. est meuble, légère, boueuse avec les pluies d'été, poussiéreuse avec les sécheresses, naturellement fertile. La diminution régulière des pluies vers l'est rend plus précaires les cultures qui cèdent progressivement la place à l'élevage : la Volga vers Samara et Saratov (187 m. h.) a des pêcheries importantes (esturgeons), un trafic considérable, mais la culture ne s'éloigne guère de ses bords, où se trouvent quelques colonies allemandes. L'Ukraine au contraire a des pluies suffisantes pendant la saison chaude et la neige abondante protège les plantes l'hiver. Peu ou pas d'arbres, des plaines découvertes ; autrefois pays de grandes herbes que foulaient les chevaux des Cosaques, aujourd'hui immense domaine cultivé (65 p. 100 du sol). Champs de blé et de betteraves d'abord, puis lin et chanvre, pommes de terre, tabac. Les rendements ne sont pas très élevés car les engrais manquent et la rotation des cultures est primitive. Nulle part cependant en Russie l'agriculture n'est aussi prospère et ne fournit autant à l'exportation. Nulle part les industries alimentaires ne sont aussi importantes, minoteries, raffineries et avant la guerre, distilleries.

La population varie de 30 à 80 h. au kmq., répartie en milliers de villages à travers la steppe. *Kiev* (365 m. h.), sur le Dnieper, à la limite sud de la forêt, centralise le commerce des céréales, des sucres, des bois : c'est de cette ville que le christianisme s'est répandu en Russie ; elle est aujourd'hui le foyer intellectuel des Ukrainiens. Kharkov (284 m. h.) est entre Don et Dniéper un centre industriel et un gros marché.

4) **La Nouvelle Russie.** C'est le pays des bords de la mer Noire et de la mer d'Azov enlevé aux Turcs au xviiie siècle et colonisé depuis Catherine la Grande. Le loess gris cache

partout le sous-sol : le Dniéper après avoir franchi ses rapides (porog) taillés dans le granit, le Boug, le Don et le Donetz s'y encaissent. Les pluies sont faibles : l'été est sujet à des sécheresses qui amènent des famines désastreuses (dans le gouvernement d'Odessa en 1921, récolte réduite à moins de 100 kgs de blé à l'Ha.) ; l'hiver, la neige est insuffisante pour porter les traineaux et protéger les cultures. La province du Don et la dépression du Manytch n'ont guère que des nomades sauf au bord des fleuves. L'Ouest cultive les blés de printemps ; la longueur et la chaleur des étés y permettent à la vigne, aux arbres fruitiers et au tabac de prospérer. Le bassin houiller du Donetz s'étend sur 50 000 kmq. et fournit les 2/3 de la production russe : le charbon est à fleur de terre et composé de nombreuses variétés. Le gouvernement de Kherson a aussi le premier bassin de fer de l'Etat à Krivoirog. Des villes neuves industrielles ont surgi dans la steppe sèche au milieu des solitudes. Dans l'ensemble 20 à 25 hab. par kmq. Une population complexe de Cosaques, de réfugiés russes, de colons allemands, auxquels s'ajoute régulièrement le flot saisonnier des paysans russes qui viennent faire la moisson dans le Sud.

La côte basse, bordée de « limans », vallées submergées fermées par des langues de sable est assez inhospitalière. Seul le liman du Boug est accessible aux gros navires (Nikolaiev). Le Dniéper n'a que deux bras utilisables vers Kherson. Odessa (315 m. h.) bâtie en 1785 sur un plateau élevé de 40 m. est la porte principale de la Russie vers la Méditerranée, l'entrepôt des produits coloniaux d'importation et des blés d'exportation, le grand port industriel. La mer d'Azov avec le port de Rostov n'est même pas assez, profonde pour les gros vaisseaux.

5. La **Crimée**, aussi grande que la Suisse (750 m. hab. 19 au kmq.), comprend deux parties très différentes. Le nord est la continuation de la steppe russe avec son climat sec, ses espaces vides d'arbres, pauvres en cultures, territoire d'élevage extensif. Le sud s'élève peu à peu jusqu'à de hauts plateaux de 1 500 m. et descend en gradins vers la mer : la montagne est occupée l'été par les troupeaux, son flanc

méridional porte des forêts de chênes et de hêtres et vers le bas des cyprès, des oliviers, des cultures méditerranéennes à l'abri des vents du nord. Au centre Simféropol (70 m. hab.). A l'ouest le port militaire de Sébastopol. Au sud des résidences d'hiver comme Yalta et Livadia (moyenne d'hiver + 3°,5, d'été 24°). A l'est Kertch garde l'entrée de la mer d'Azov par un chenal de 6 m. de profondeur.

6. L'**Oural**, sur 2 000 km. de longueur, sépare la plaine russe de la vallée de l'Ob. Son altitude est faible : 1 650 m. vers le 55° et le 65°, 500 m. en moyenne. Au centre la dépression d'Ekaterinbourg (460 m.) rend facile les communications avec la Sibérie. Nulle part d'ailleurs la chaîne n'est très difficile à traverser : on s'élève doucement de l'ouest dans un pays d'ondulations calcaires ou schisteuses ; les hauteurs cristallines du sud sont très usées et rappellent par les formes arrondies nos Vosges méridionales. Seul l'est, face à la plaine de l'Ob, a des pentes rapides. L'Oural est suffisamment humide pour avoir des forêts de conifères jusqu'au 65° : il est très froid (Ekaterinbourg — 16 en janvier et — 44 minimum d'hiver), ce qui diminue les possibilités de cultures. Les ressources du sol sont les bois, les animaux à fourrures (ours, renards), quelques champs de légumes et d'avoine. Pas d'élevage. L'Oural serait presque vide sans ses mines. On y trouve des pierres précieuses, de l'or en placers, du platine surtout (avant la guerre 19/20 de la production mondiale). On y trouve aussi le plus gros gisement russe de minerai de fer (magnétite et limonite) : son exploitation a amené la création de hauts-fourneaux et d'aciéries à Nijni-Taguilsk, à Zlatooust, etc. (avant la guerre 600 m. t. de fonte) ; le combustible est fourni par la forêt, la main-d'œuvre par l'immigration russe. L'Oural central a ainsi 16 h. au kmq. Son accès est plus facile depuis l'achèvement du transsibérien. Au sud Orenbourg commande les routes du Turkestan.

7. La **steppe blanche**. Ce sont les pays de la basse Volga et du bas Oural, terres salées qui descendent vers la Caspienne ; les pluies (— 200 mm.) y sont insuffisantes, le climat est extrême. Des nomades Kirghiz et

Kalmouks, éleveurs de moutons les parcourent. La Volga les met en relations avec l'Europe et leur fournit en abondance le poisson. Astrakan, sur son immense delta de 20 000 kmq., est le centre du commerce et de la pêche (poissons frais, salés, séchés, etc.). Les steppes fournissent aussi du sel et du pétrole (sur la rivière Emba).

8. La grande chaîne du **Caucase** atteint 5 643 m. au Kasbek et voit se succéder sur ses pentes les rochers nus, les pâturages, les forêts et les cultures : les vallées sont l'habitat de tribus peu nombreuses qui ont conservé loin des routes leurs vieilles mœurs. La péninsule d'Apchéron qui termine le Caucase sur la Caspienne possède autour de Bakou de riches gisements de pétrole : 4 450 m. t. en 1924, les 3/4 de la production russe. Avant la guerre 1/3 était consommé à l'intérieur de l'Empire, 2/3 exportés.

Au nord du Caucase les steppes du Kouban et du Térek, de climat continental très sec, ont des cultures au bord des fleuves, du bétail conduit par les nomades, du pétrole à Groznij et Maïkoff. Vladicaucase (75 m. h.), point terminus de la voie ferrée, commande le passage du Darial. Au sud, les plaines transcaucasiennes, de climat humide et doux ont de riches terres agricoles : blé, maïs, riz ; arbres fruitiers, vignes, muriers ; coton. Tiflis (325 m. h.) entre les deux mers est le centre commercial.

III. — Vie économique.

La Russie est un immense marché pour le bois, le lin les céréales : les 2/3 de l'exportation totale. Les cultures sont arriérées et les rendements faibles : l'Ukraine où la petite propriété est déjà ancienne a plus de blé que de seigle, de la betterave, du maïs, des vergers, quelques vignes et des industries alimentaires variées. La diffusion de la propriété en grande Russie contribuera probablement à diminuer l'exportation en masse du blé, car soucieux d'éviter les famines le paysan cultivera davantage le seigle et les légumes pour son alimentation.

La perte des Provinces baltiques et de la Pologne diminue sensiblement la force industrielle de la Russie : 1/5 du charbon, 1/4 du fer, 1/2 du sucre, 1/2 des textiles lui sont enlevés. Elle garde la houille du Donetz (18 M. t. en 1913) les pétroles de Bakou et du Grosnij, les mines de fer de l'Oural et du Sud, les métaux précieux de l'Oural (platine), les raffineries de l'Ukraine, les filatures, les tissages, les usines métallurgiques de Moscou et de Toula. Elle ne songeait d'ailleurs avant la guerre qu'à produire pour sa consommation et souffrait du manque de capitaux, de combustibles et de matières premières.

Le danger pour la Russie c'est que son isolement actuel de l'Europe l'empêche de réparer les ruines de la guerre et aggrave chaque jour sa situation économique. En 1924, la production de l'orge, de l'avoine, du blé est inférieure de plus de moitié à celle de 1913 ; l'extraction du pétrole représente les 3/4, du fer 1/10 de celle de 1913 ; les cotonnades 1/3. Le commerce extérieur a baissé des 4/5. Le manque de crédit empêche même le remplacement des machines industrielles et du matériel de transport inutilisable.

CHAPITRE XIII

La Méditerranée.

Cette mer étroite (Marseille-Alger, 750 km.; Rhodes-Alexandrie, 600 km.), est la plus fréquentée du monde. De tous temps la multiplicité de ses îles et des dentelures de ses côtes a facilité les relations entre les peuples. La Méditerranée fait la liaison entre les pays latins et slaves d'Europe, entre l'Europe chrétienne et les pays musulmans d'Asie et d'Afrique. Le percement de l'isthme de Suez l'a placée sur la route des Indes, de l'Extrême-Orient, de l'Afrique orientale et de l'Australie: par elle, 400 M. d'Européens sont en rapports avec 700 M. d'hommes. D'où l'importance des ports qui, comme Marseille, Gênes, Trieste, Fiume, Salonique, Odessa, Smyrne, drainent les voyageurs et les marchandises de l'intérieur sur ses rivages. Malheureusement la Méditerranée se divise en plusieurs bassins reliés entre eux par des passages resserrés : la nécessité d'assurer la libre circulation s'est imposée à tous les peuples commerçants et a amené des rivalités sanglantes. Qui ne sait que la posession du Bosphore et des Dardanelles a été le but séculaire de la politique russe?

I. — La Méditerranée occidentale entre Gibraltar et le canal de Sicile, mer latine par excellence, est commandée à ses extrémités par Gibraltar et Malte (Tanger est internationalisé depuis 1911). Les pavillons britanniques et français dominent. La Grande-Bretagne fournit le charbon à Alger, Barcelone, Marseille, à l'Italie et à Malte et cueille partout le trafic. La **France** possède le Maghreb depuis le golfe de Gabès jusqu'à l'embouchure de la Moulouya et le monopole des relations entre la métropole et sa colonie algérienne : la marine française a transporté en 1924 plus de trois milliards de francs de marchandises en provenance ou à destination de l'Afrique du Nord. Marseille doit une part de sa prospérité au développement de notre colonisation ; elle est, de plus, tête de ligne pour le Proche et l'Extrême Orient (800 000 voyageurs s'y embarquent chaque année) ; 'e canal en construction d'Arles à la mer et l'amélioration projetée du Rhône accroîtront son commerce en intensifiant les échanges avec la région industrielle lyonnaise, avec la Suisse et avec tout le réseau fluvial français.

L'**Espagne** a un rayonnement économique bien plus faible : elle occupe péniblement le Riff marocain où elle commence à exploiter les mines ; elle peuple de ses émigrants l'Oranie, la France du sud et l'Amérique ; elle exporte ses minerais et ses produits agricoles, mais sa flotte marchande est insuffisante (1923 : 1 107 m. tx.). Seule Barcelone, centre industriel important, participe au grand commerce.

II. — L'**Italie** occupe une situation avantageuse sur la Méditerranée. Elle a vue sur le bassin occidental et sur le bassin oriental de cette mer. Elle y amène les voyageurs, la poste, les produits de la France, de l'Angleterre, de la Belgique, des Pays-Bays, de la Suisse, de l'Allemagne, par les tunnels des Alpes (Cenis, Simplon, Gothard). Elle répand ses émigrants sur l'Algérie orientale, sur la Tunisie comme sur la France. Elle occupe Tripoli et la Cyrénaïque, Rhodes et le Dodécanèse. Les traités de 1919 à 1924 ont encore fortifié sa position. Sa flotte accrue par des constructions et par la cession d'unités autrichiennes atteint, en 1923, 2 760 m. tx. Le danger d'une concurrence sur l'Adriatique est supprimé par l'annexion de Trieste, de Fiume, de l'Istrie, de Zara et de plusieurs îles dalmates : Cherso, Unie, Lussin, dans le golfe du Quarnero, gardent la route de Fiume ; Lagosta et Pélagosa barrent les bouches de

Cattaro. Le royaume des Serbes-Croates-Slovènes se voit privé des meilleurs ports de la côte illyrienne. Trieste (240 m. hab.), était le premier port autrichien (6 M. de t.); des voies ferrées à travers les cols des Alpes en faisaient le débouché et le fournisseur, non seulement des pays slaves voisins (1,3 M. de t.), mais de presque toute la monarchie danubienne; il importait des denrées coloniales, des fruits méditerranéens pour l'Europe centrale; il exportait les bois, les céréales, les produits manufacturés vers l'Italie, les colonies anglaises, la Turquie, l'Amérique, etc. Les services du Lloyd autrichien le mettaient en relations régulières avec l'Orient, l'Inde, la Chine, le Japon, l'Amérique du Sud. Son voisin, Fiume (50 m. hab.), était le premier port hongrois : la voie ferrée qui escalade le Karst vers Zagreb et Budapest assurait l'exportation des bois, céréales, fruits et animaux des pays slaves et de la Hongrie et étendait le rayon d'action du port jusqu'à la Pologne et à la Roumanie.

Les débouchés méditerranéens de l'Europe centrale sont donc entre les mains de l'Italie qui en gardera le bénéfice, comme Rotterdam profite de la navigation rhénane. Où la **Yougo-Slavie** pourra-t-elle créer un port national, capable de concurrence? Split, l'embouchure de la Narenta, les bouches de Cattaro paraissent avantageusement placés. Mais partout la côte s'élève rapidement vers un pays difficile d'accès. Un seul chemin de fer à voie étroite monte de Cattaro à Saraevo; il est relié par Brod (Bosnie) à Zagreb et à Subotica (Szabadka); élargi et prolongé jusqu'à Belgrade, il pourra attirer une partie du trafic des plaines serbes. Mais bon gré, mal gré, les Yougo-Slaves devront se servir de Trieste et surtout de Fiume où les traités leur assurent la possession de Port Barros. Ce qui compte pour l'Italie c'est bien moins l'accroissement de son territoire que le gain de sa sécurité nationale et la suprématie économique sur l'Adriatique.

III. — Les États de la Méditerranée orientale ont été profondément modifiés par les récents traités. Le traité de Sèvres avait satisfait les aspirations ethniques des Grecs,

créé la zone internationale des détroits et démembré entièrement la Turquie d'Asie. Les victoires des nationalistes
d'Angora ont remis en question les limites territoriales. Par
le traité de Kars (13 octobre 1921) la fédération russe a renoncé à cette ville et à Ardagan. Par celui d'Angora (20 octobre 1921) la France a recédé la Cilicie et la voie ferrée de
Bagdad. Le traité de Lausanne a plus largement encore
dégagé la Turquie. Sans doute, cet État renonce définitivement à tous les pays qui ne sont pas strictement turcs : la
Fédération syrienne (2 M. h.), la Palestine et la Transjor-
danie (1 M. h.), l'Irak (Mésopotamie) (2 M. h.) et l'Arabie
(4 M. h.). Mais il conserve intégralement l'Asie mineure,
l'Arménie et le Kurdistan, et en Europe, la Thrace jusqu'à
la Maritza avec Andrinople et Karagatch. La possession
des Détroits lui est assurée moyennant la démilitarisation
d'une étroite zone le long des Dardanelles et la limitation
à 12 000 h. des garnisons des bords du Bosphore.

A) **La Turquie** ne conserve plus en Europe que 24 m.
kmq., avec environ 1 500 000 habitants. Constantinople
(1 100 ha.) décline : Angora l'a dépossédée de son rang de
capitale, beaucoup de Grecs dont l'activité faisait sa fortune
sont partis volontairement ou par force; les États de la mer
Noire n'ont pas repris encore leur mouvement commercial
de 1914. Pourtant sa situation en fait un des ports les plus
fréquentés du monde. Malgré l'insuffisance des quais, les
taxes multiples et la concurrence des petits ports, la Corne
d'Or a reçu jusqu'à 4 M. de tonneaux. Presque tous les navires poursuivent leur route vers la mer Noire; ceux qui
reviennent directement voyagent sur lest : le trafic, en effet,
n'a jamais dépassé 500 m. t., consistant surtout en houille,
cotonnades, produits de luxe. Le cabotage a été longtemps
le principal moyen de circulation dans l'Empire ottoman :
il domine encore ici et contribue fortement au ravitaillement
de la ville. De nombreuses compagnies de navigation desservent régulièrement Constantinople. Le pavillon français
est dépassé aujourd'hui (1923) par les pavillons anglais et
italien. En 1922 la part de la France dans le chiffre d'affaires a été seulement de 11, celui de la Grande-Bretagne

de 20, celle des États-Unis de 22, celle de l'Italie de 10 %.
Le port souffre de la concurrence des anciens ports ottomans
aujourd'hui entre les mains de jeunes nations laborieuses.
Le trafic des détroits n'a cessé de progresser passant de 10 M.
de tx en 1890 à 19 M. en 1914. Les pays desservis par la
mer Noire ne sont encore qu'au début de leur évolution
économique : leurs progrès contribueront à la prospérité du
pont d'escale de Constantinople.

La Turquie maitresse de l'Asie Mineure dispose sur la
mer Egée, de l'admirable port de Smyrne (375 m. ha.).
Porte naturelle des Ottomans vers l'Europe, débouché principal des voies venues de l'intérieur du plateau Anatolien,
Smyrne verra son trafic déjà considérable (plus de 2 M. de t.)
s'accroître à mesure que se répareront ses ruines récentes et
que s'accentuera le développement économique de son
arrière-pays.

B) La **Grèce** possède toutes les côtes européennes de la
mer Egée jusqu'à l'embouchure de la Maritza et toutes les
îles à l'exception de Rhodes et du Dodécanèse. Son pavillon
y domine incontestablement (flotte de 865 m. tx en 1923).
Le port du Pirée en voie d'agrandissement a fait un trafic
de 1,6 M. t. en 1921. Salonique est le débouché naturel de
la Macédoine grecque et yougo-slave : une zone franche y a
été accordée à la Yougo-Slavie (7 octobre 1923). Le commerce de mer, cabotage et navigation au long cours ne peut
donc que se développer. Il constitue avec les produits agricoles la principale ressource de la Grèce.

C) Les acquisitions territoriales de l'État hellène se font aux
dépens de la **Bulgarie**. Celle-ci perd tout contact direct avec
la Méditerranée par l'abandon de la Thrace. Depuis 1913 elle
tentait de dériver vers Dédé-Agatch un courant commercial
pour les produits de la vallée de la Maritza. Désormais elle
ne communique plus avec l'Europe qui achète ses céréales
que par Varna et Bourgas, par le Danube et par ses voies
ferrées. Ses ports donnent sur une mer fermée ; le grand
fleuve est dominé par le commerce roumain de Galatz et de
Braïla et la commission européenne ; les chemins de fer
(2700 km.) sont insuffisants. La Bulgarie doit négocier ave-

la Grèce pour l'utilisation avantageuse de Dédé-Agatch, et sa situation rappelle celle de la Yougo-Slavie vis-à-vis de l'Italie. Elle est, après l'Albanie, le plus petit des Etats balkaniques et le plus dépendant pour son trafic international.

D) A côté de la France, de l'Italie et de la Grèce qui ont une prépondérance locale dans les régions de la Méditerranée, l'**Angleterre** exerce une influence générale considérable. Elle tient les voies d'accès les plus importantes : Gibraltar et le canal de Suez qu'elle occupe militairement; elle est une des trois puissances protectrices de la liberté des Détroits; elle possède aussi Malte, Chypre, la Palestine et l'Egypte. Elle domine surtout par sa marine : vaisseaux qui portent partout le charbon et les cotonnades, cueillent le fret dans les ports du Levant, ramènent les céréales et le pétrole de la mer Noire; navires de passage vers l'Inde, l'Extrême-Orient, etc. En 1913, 46 p. 100 du tonnage passant les Détroits était anglais (contre 4 p. 100 français, 9 p. 100 italien); en 1918, les deux tiers du tonnage traversant le canal de Suez étaient anglais, huit centièmes français, six centièmes italiens. La Grande-Bretagne fait le sixième du commerce total de l'Espagne, le quart de celui de la Grèce, le cinquième de celui de la Turquie. La France, moins puissante économiquement, a par son histoire, sa langue et ses écoles, une influence incomparable dans tous les pays d'Orient (1).

---

(1) Nous n'avons rien dit du rôle de la Russie dans la Méditerranée. Politiquement les tsars ont échoué dans toutes leurs tentatives pour mettre la main sur les Détroits. Economiquement, la marine marchande russe (moins de 500 m. tx. pour toutes les mers) est trop faible : le commerce des ports d'Odessa, Nicolaiev, Kherson, Novorossiisk. etc., est sous la dépendance des grands Etats maritimes.

La petite Albanie n'a pas de flotte et n'est guère en communication avec l'Europe que par les navires italiens qui font les 2/3 (1923) du commerce maritime du pays.

CHAPITRE XIV

L'Espagne et le Portugal.

La Péninsule ibérique n'a que 27 M. d'habitants pour
600 m. kmq. (45 au kmq.). A l'écart de l'Europe continentale
dont la séparent les Pyrénées, elle s'avance entre l'Océan et
la Méditerranée à la rencontre de l'Afrique. Aussi climat,
végétation, cultures rappellent-ils à la fois l'Europe et
l'Afrique, les pays atlantiques et les pays méditerranéens.
La population où le vieux fond ibère s'est mélangé d'éléments germaniques et arabes, est une par le type physique,
les mœurs, l'idiome et la religion. Le plateau central très
différent des plaines côtières a formé longtemps une individualité politique. Au xvie siècle l'unité fut un moment réa-
lisée par Philippe II, puis les pays de coteaux et de plaines
du Douro et du Tage inférieur reprirent leur indépendance
et l'ont conservée jusqu'à nos jours. Aujourd'hui l'Espagne
est un royaume de 500 kmq. et de 21 300 m. habitants,
le Portugal est une république de 88 m. kmq. et de
5 700 m. hab. Dans les Pyrénées, les six communes pasto-
rales d'Andorre (5 m. hab.) sont placées sous la suzeraineté
de la France et de l'évêque d'Urgel. Au sud, Gibraltar, port
de guerre et de transit (20 m. h.), est occupé par l'Angleterre depuis 1704. Hors de la péninsule, l'Espagne rattache
à ses provinces les iles Baléares (5 m. kmq. et 340 m. hab.),
le Portugal compte dans ses districts les iles Açores et Madère, 3 m. kmq, 410 m. habitants.

I. — L'Espagne.

1) L'ossature de la Péninsule est formée par la **Meseta**, vieux plateau granitique qui commence au N. avec la côte découpée du cap Finisterre et se termine au sud devant le Guadalquivir : 500 à 600 m. d'altitude. Les monts Cantabriques, 2685 m. au N.-O., la Sierra Morena au Sud sont les retombées du plateau en escarpements sur la mer et les plaines d'Andalousie. Les monts Ibériques, 2350 m. au N.-E., en sont la bordure calcaire dominant la vallée de l'Ebre. Au centre la Sierra de Guadarrama et ses prolongements occidentaux séparent les mornes étendues des deux Castilles. On peut distinguer plusieurs régions naturelles.

a) Au N.-O., la **Galicie**, les **Asturies** le **Pays Basque** participent aux pluies atlantiques qui adoucissent le climat et permettent l'élevage du gros bétail dans de vertes prairies plantées d'arbres fruitiers. La montagne très humide a des forêts de chênes et de hêtres. La côte rocheuse, très découpée à l'ouest pêche la sardine et la langouste. La richesse du sous-sol a fait des pays du golfe de Biscaye la seconde région industrielle de l'Espagne. La houille d'Oviedo s'exporte par Gigon. L'excellent minerai de fer de Bilbao et de Santander s'exporte aussi surtout vers l'Angleterre, et il a fait de Bilbao (112 m. h.) une ville sidérurgique. Les montagnes récèlent aussi du zinc, du manganèse. Aussi le pays est-il très peuplé (189 hab. au kmq. dans la Biscaye). Mal relié à l'intérieur par les voies ferrées, il communique avec l'extérieur par les ports de Vigo, de la Corogne, du Ferrol, de Gijon et de Santander. Santiago, solitaire aujourd'hui après avoir été un lieu de pélerinage renommé a conservé sa vieille Université.

b) La **Vieille Castille**, pays de moutons et de champs de blé drainé par le Douro, a conservé ses villes historiques de Burgos, Valladolid, Salamanque et Segovie, peu actives aujourd'hui.

c) Les cols de la Sierra de Guadarrama qui donne ses eaux à Madrid, commandent l'entrée de la **Nouvelle Castille**, le pays le plus sec de l'Espagne, torride l'été, glacial d'hiver. Au fond de gorges profondes coulent des fleuves irréguliers, le Tage, le Guadiana et le Jucar. Des champs de blé, d'orge et de seigle ou de vastes solitudes parcourues par des moutons. Des biefs innombrables saignent les rivières et entretiennent sur leurs rives des cultures moins précaires : céréales, arbres fruitiers et vignes. Le sous-sol recèle du mercure à Almaden. Tolède l'ancienne capitale musulmane est pittoresque et morte. **Madrid** (750 m. h.), la nouvelle capitale, sur le ruisseau misérable du Manzanarès est au centre géographique de la péninsule la ville officielle avec des palais, des églises, des musées, une Université et aussi des industries variées. De là les voies ferrées rayonnent vers les plaines bordières.

Deux chaines se sont plissées contre la Meseta : au nord les Pyrénées, au sud la Sierra-Nevada.

2) Les **Pyrénées** culminent dans le massif cristallin de la Maladetta (3 404 m.) et se continuent au sud par des plateaux calcaires profondément burinés par l'érosion torentielle. Les relations avec la France se font aux deux extrémités vers Saint-Sébastien et Figueiras. La vie pastorale, le tourisme sont les ressources de la montagne. L'Ebre coule dans la large dépression aragonaise entre les Pyrénées et la Meseta et traverse une cordillère littorale avant de se jeter dans la Méditerranée où il forme un vaste delta. Son bassin supérieur (Aragon) pauvre, sec et vide possède une agglomération importante : Saragosse (141 m. h.), ville lainière. Son bassin inférieur et la région côtière (Catalogne) ont le régime méditerranéen avec des oliviers et des vignes. **Barcelone** (710 m. habitants) est le plus gros centre industriel de la péninsule avec ses voisines Sabadell et Terrasa : elle tisse le coton et la laine, elle a des usines métalurgiques, des papeteries ; elle est le premier port de l'Espagne. Le développement économique de la Catalogne et l'esprit plus vif de ses habitants, le dialecte un peu spécial de cette province ont fait naitre des revendications autonomistes que Madrid surveille jalousement.

3) Partie de Gibraltar la **Sierra-Nevada** incurve au nord

sa crête splendide qui culmine à 3 485 m. parmi les neiges et les glaciers, et se lie au plateau par les hauteurs du massif de la Sagra. Cette montagne avec ses pâturages et ses forêts (chênes lièges) est le château d'eau indispensable pour l'irrigation des dépressions qui l'entourent. Du côté de la mer une étroite lisière de plaines avec Malaga (150 m. h.) (industries alimentaires et textiles) et Almeria. Au nord la vaste **plaine d'Andalousie**, fertilisée par les canaux du Guadalquivir : ce fleuve est le seul navigable de l'Espagne grâce aux fontes de neige qui alimentent ses affluents de gauche au moment des sécheresses d'été. Grenade (103 m. h.) dans une admirable « vega » sur le haut Genil, dernière capitale arabe, conserve son précieux Alhambra. Au milieu de la vallée, deux grandes villes sur le Guadalquivir : Cordoue, autrefois ville de palais et d'écoles (73 m. h.) décline depuis la reconquête, *Séville* (205 m.) s'accroît : c'est un port maritime et fluvial et il possède des usines métallurgiques, des manufactures de tabac, de soieries et de produits alimentaires. Sur un promontoire, devant une rade bien abritée Cadix, le 3ᵉ port de l'Espagne est une escale importante qui a éclipsé les autres ports autrefois célèbres qui se succèdent jusqu'à la frontière portugaise.

La plaine de Malaga et la plaine andalouse ont, grâce à leur climat torride et à l'abondance des eaux, des champs bien cultivés et d'immenses vergers. Blé, maïs, riz, figuiers, orangers, dattiers, oliviers et vignes (vins de Jérez et de Malaga pour l'exportation) et même la canne à sucre et le coton qui annoncent les pays tropicaux. La grande propriété rend précaire l'existence de beaucoup de travailleurs agricoles, qui émigrent ou vont travailler dans les villes. L'industrie minière utilise les gîtes variés des montagnes voisines : plomb argentifère d'Almeria, Jaen, Linarès et Cordoue, cuivre de Tharsis et Rio Tinto, manganèse ; wolfram, fer, soufre, anthracite, etc. Les minerais sont en grande partie exportés.

4) A l'est sur la côte méditerranéenne, entre l'embouchure de l'Ebre, les caps de la Nao, Palos et de Gata se succèdent des **plaines agricoles** au climat chaud où l'irrigation est éga-

lement indispensable à cause de la sécheresse estivale. Mais ici les rivières descendues du plateau ont leurs basses eaux au moment des plus fortes chaleurs, ce qui a rendu nécessaire une règlementation particulièrement sévère pour les canaux d'arrosage. Légumes variés (pois chiches, fèves, haricots), blé et maïs, mûriers, figuiers, sorbiers, abricotiers, orangers, dattiers se succèdent entre les ruisselets d'eaux vives. Les collines portent des vignes et des oliviers. On a l'impression que la collaboration de l'homme, du soleil et de l'eau produit ici des merveilles. Là où cesse l'irrigation reparaît la colline sèche et brûlée, la plaine déserte. Les villes sont au cœur de véritables oasis de verdure : Castellon, Murviedro et Valence au nord, Alicante, Elche, Murcie (41 m. h.), Carthagène et Lorca au sud du cap de la Nao. *Valence* (251 m. h.) a des industries diverses et exporte des produits agricoles. Carthagène (104 m.) est en relations directes avec Oran qui reçoit les émigrants espagnols.

5) Dans le prolongement du cap de la Nao, s'alignent les îles Pityuses (Ibiça et Formentara) et les îles **Baléares** (Majorque et Minorque). La plus grande comprend deux chaînes calcaires autour d'une plaine centrale au bord de laquelle est placé au S.-O. le port de Palma (78 m. hab.). Les agrumes, les figues, les amandes, les olives sont les ressources principales et alimentent une grosse exportation.

6) L'Espagne apparaît comme un pays agricole et minier, dont les ressources sont très inégalement réparties. Les pays humides du N.-O. et les Castilles ne vendent guère de produits agricoles, mais les « huertas » méditerranéennes et l'Andalousie exportent par grandes quantités les vins ordinaires et de luxe (Alicante, Jérez, Malaga), l'huile, les oranges. Les moutons, deux fois plus nombreux qu'en France n'ont pas fait naître une industrie lainière.

Les mines ont une très ancienne réputation : L'Espagne est le 2e pays du monde pour la production du mercure, le 3e pour le cuivre, le 4e pour le plomb. Mais le minerai de fer ne donne que 2770 m. t., le charbon 6300 m. t. et la houille blanche 1 M. de C. V. en 1923. Aussi les produits miniers sont-ils partiellement exportés bruts et l'industrie manufacturière ne s'est-elle implantée qu'au N.-O. vers Gijon, Bilbao (métallurgie) et autour de Barcelone (textiles). Madrid au centre du pauvre plateau castillan commande aux plaines et aux montagnes côtières où se trouvent les *riches cultures et les mines*. L'Espagne manque de capitaux pour améliorer son économie intérieure. La population ouvrière et paysanne, souvent illetrée, mène une existence pénible et émigre volontiers vers les Amériques, la France et l'Afrique du Nord : 60 mille partants en 1923. L'Espagne qui a autrefois dominé l'Europe et conquis l'Amérique, vit aujourd'hui repliée sur elle-même. Seule la Catalogne jouit d'une réelle prospérité grâce à la grande industrie moderne.

II. — Le Portugal.

Entre le Minho et le Guadiana le plateau ibérique se dégrade en collines qui bordent de larges plaines. Deux chaînes calcaires la Sierra de Estrella (1 293 m.) et l'Algarve s'en détachent et viennent former sur la mer le cap de la Roca et le cap Saint-Vincent. Les fleuves, assagis à la sortie des montagnes y forment des estuaires où se sont établis les ports.

Le Portugal a de grandes ressources agricoles. La région du Douro, de climat océanique cultive le maïs, la vigne, le châtaignier, élève des bêtes à cornes et possède de belles forêts de chênes. La région du Tage de climat très doux (Lisbonne, janvier 10°, juillet 21°) a du blé et du seigle, des vignes, des oliviers et des orangers, des moutons et des bœufs, des bois de chênes et de pins. Le sud, plateau de l'Alemtejo et collines de l'Algarve, plus sec, a du seigle, des cultures méditerranéennes, des moutons et des chênes-lièges. La mer très nourricière donne la sardine et le germon, d'où la production des conserves. Cependant le Portugal importe pour sa nourriture du riz et de la morue.

Les mines très diverses sont peu exploitées et les industries, gênées par l'absence de houille, sont réduites à s'installer dans les ports à portée du combustible anglais. Porto à l'embouchure du Douro (203 m. h.) a des manufactures et des tissages et le commerce du vin. **Lisbonne** à l'embouchure du Tage (489 m. h.) sur une rade bien abritée est la capitale, une ville industrielle, un port de transit et d'exportation vers Madère, les Açores et les colonies d'Afrique. Entre les deux, Coïmbre conserve une vieille Université. La Grande-Bretagne qui achète les laines, les fruits, les poissons et les vins, et vend le charbon et les produits manufacturés, tient le Portugal sous sa tutelle économique.

CHAPITRE XV

L'Italie.

—

1. — La grande guerre a permis à l'Italie d'achever son unité nationale. Les traités lui ont donné la ligne de faîte des Alpes du Brenner aux Alpes Carniques et Juliennes avec le Tyrol méridional et le Trentin, Gorizia et Trieste, l'Istrie, les îles adjacentes, le port de Fiume : 26 m. kmq. et 1 600 m. habitants. A l'exception du canton suisse du Tessin, tous les territoires de langue italienne sont maintenant englobés dans les frontières du royaume. Il n'y a que 700 m. allogènes, Allemands du Tyrol (200 m.), Yougo-Slaves d'Istrie et du Carso (500 m.). L'Italie occupe 312 m. kmq, et compte 39 500 000 habitants. (La natalité 29 p. 1000 en 1923) est une des plus fortes de l'Europe et laisse sur les décès un excédent annuel supérieur à 450 000 individus. L'émigration en enlève le plus grand nombre : elle approchait avant la guerre du chiffre de 1 million; elle est en 1924 de 400 m. par an. L'Argentine et le Brésil recueillent la majorité des émigrants définitifs, la France et la Suisse la majorité des émigrants temporaires. Les colonies italiennes d'Afrique, Erythrée, Somalie et Tripolitaine, pauvres en ressources, sont incapables, sauf peut-être le plateau de Cyrénaïque, d'en recevoir un grand nombre, tandis que les colonies françaises du Maghreb en reçoivent des milliers. Ces émigrants que l'Italie ne saurait nourrir dans son état économique actuel, contribuent à la richesse nationale par les sommes énormes qu'ils envoient régulièrement à leurs

parents restés dans la péninsule et par les débouchés qu'ils facilitent partout aux produits nationaux.

II. — Des cîmes des Alpes au détroit de Sicile, l'Italie comprend une partie continentale, une péninsule et des îles.

1) L'Italie du nord comprend les chaînes intérieures de l'Arc Alpin du col de Cadibone au seuil de Tarvis, la vaste plaine du Pô et le plateau du Carso.

a) A l'ouest, du Mercantour au Viso (3 843 km.) et au mont Rose, les **Alpes** retombent brusquement sur le Piémont où les vallées, dont les plus larges sont celles de Suze (Doire Ripaire) et d'Aoste (Doire Baltée) confluent vers le Pô supérieur. Au nord les massifs cristallins de la frontière, la Bernina (4 052 m.) et Œtsthal (3 774 m.), sont précédés de massifs calcaires fort pittoresques dans les Dolomites du Tyrol. Les vallées supérieures de l'Adda (Valteline) de l'Adige (Tyrol), du Piave et du Tagliamento pénètrent jusqu'à la ligne de faîte. Des lacs allongés et profonds (Majeur, de Côme, d'Iseo, de Garde) régularisent le Tessin, l'Adda, l'Oglio et le Mincio avant leur débouché en plaine. Des collines glaciaires bordent la montagne; à leur pied les amas de débris arrachés par le ruissellement, laissent sourdre des eaux vives (fontanili) utilisées pour l'irrigation.

Tandis que les hautes vallées sont froides et ensevelies l'hiver sous la neige, les derniers chaînons à l'abri des vents du Nord et bien exposés au soleil jouissent d'un climat très doux qui laisse mûrir les amandes, les figues, les olives et les raisins. Forêts et vie pastorale ne sont donc pas les seules ressources des Alpes. La houille blanche fournit 1 M. de C. V. (les 3/4 de toute l'Italie) avec de grosses usines sur la Roya, la Doire Baltée et l'Adda. Biella et Scio, Côme et Bergame utilisent l'énergie électrique pour l'industrie textile, le surplus va vers le grandes villes de la plaine. Le tourisme attire les étrangers dans de nombreuses stations de plaisance au bord des lacs (Pallanza, Varese, Riva) et dans les hautes vallées (Merano). Les cols livrent passage à des routes et à des voies ferrées vers la France, la Suisse et l'Autriche : lignes de Tende vers la côte d'Azur, du Fréjus vers la Maurienne, du Simplon vers le Valais et l'Europe occidentale, du Brenner vers l'Autriche et l'Allemagne, de Tarvis vers Vienne. Les Alpes ont cessé d'être un obstacle aux relations internationales et leurs tunnels drainent vers les ports de Gênes et de Trieste le trafic de l'Europe centrale.

b) La **plaine du Pô** (40 000 kmq.) est la plus riche région de l'Italie. Elle a été formée par les dépôts des rivières alpines et des torrents apennins. Chacun des affluents impose tour à tour sa direction au fleuve qui coule parallèle aux Alpes, rapide, retenu par de puissantes digues qui canalisent les crues du printemps ; son delta, se confond avec celui de l'Adige : il s'accroit régulièrement de millions de mètres cubes de limon et avance rapidement. Au nord-est se dirigent directement dans l'Adriatique les petits fleuves de la Brenta, du Piave, du Tagliamento, de l'Isonzo : les *pays-bas vénitiens* continuent la dépression padane aussi bien par ses riches terres de culture que par ses deltas et ses lagunes littorales, dont l'une porte les palais et les églises de Venise. La plaine qui déploie à l'infini ses prairies et ses champs est uniformément plate. A l'ouest les collines du Montferrat, à l'est les collines volcaniques d'Este et de Vicence rompent un instant la monotonie du paysage. L'influence méditerranéenne est ici gênée par l'écran de l'Apennin : aussi les hivers sont-ils froids et empêchent-ils la culture de l'olivier ; les étés très chauds permettent la culture du riz et ne sont pas dépourvus de pluie.

Partout le terrain est judicieusement utilisé par une population laborieuse et séculairement spécialisée : les champs entourés d'ormes ou de mûriers auxquels s'enroulent les vignes sont cultivés en maïs, en blé, en riz ou betteraves. L'élevage du ver à soie a fourni en 1923 44 M. de kgr. de cocons. Le Piémont a du blé, des prés et des vergers. La Lombardie riche en canaux a de vastes prairies, les fameuses « marcites » qui donnent jusqu'à 12 000 kg. de foin à l'Ha. La Vénétie, la plus peuplée des provinces de la plaine a des cultures variées. L'Émilie a du chanvre. Parmi les villes très nombreuses et fières de leurs monuments anciens, quelques-unes ont une grande activité industrielle. *Turin*

(502 hab.), carrefour de rivières et de routes au pied du Montferrat a des constructions mécaniques, des armes, des textiles. **Milan** (718 m. hab.) est la plus moderne et la plus riche des villes italiennes : elle fabrique des machines, des automobiles, des produits chimiques, des cotonnades, etc., mais sa renommée est due à ses tissus de soie (satins, failles, étoffes légères) qui s'exportent jusqu'en Amérique du Sud; plusieurs sociétés produisent aussi de la soie artificielle dont l'usage se répand de plus en plus. Pavie et Monza ont également des soieries. Vérone (92 m. hab.) et Mantoue sont de vieilles places fortes. Venise (171 m. hab.), pleine de chefs-d'œuvre, ville silencieuse et sans poussière, a des chantiers maritimes et les industries de la verrerie, du filet et de la dentelle. Bologne (211 m. hab.) au pied de l'Apennin est une grande gare et un centre textile. Il ne faut pas tenir pour négligeables les ressources que ces villes et vingt autres comme Padoue, Ferrare, Ravenne, Parme, Modène doivent aux visiteurs attirés par leurs souvenirs historiques et la beauté de leurs monuments.

c) Au delà de l'Isonzo commence le *plateau calcaire du* **Carso** dénudé et solitaire percé de grottes où circulent des rivières souterraines : des pâtis à moutons, des cultures dans les dépressions au fond argileux et dans les vallées, du mercure à Idria. L'Istrie est un plateau triangulaire de même allure qui prolonge le Carso. Dans les golfes qui la bordent à l'ouest et à l'est se trouvent les ports de Trieste et de Fiume. Trieste isolé de son ancien hinterland par des barrières de douanes n'a pas repris encore son importance d'avant-guerre. Fiume plus éprouvé est réduit en 1924 au cinquième de son trafic de 1913 : parmi ses industries, seule progresse la raffinerie du pétrole. Des accords commerciaux facilitant aux États de l'Europe centrale l'accès de l'Adriatique pourront seuls rendre leur activité aux anciens ports autrichien et hongrois.

2) **L'Italie péninsulaire** est longue de 1 200 km., large au maximum de 200. L'Apennin en arc de cercle autour de la mer Tyrrhénienne la traverse du col de Cadibone à la Calabre (Point culminant : le Gran Sasso, 2 924 m.). Le nord et le

centre se composent de chaînons plissés qui tombent en abrupts sur la côte de Ligurie et des Marches. L'aspect de plateau domine dans les Abruzzes et à une altitude très faible dans les Pouilles. En Calabre le Sila est une montagne cristalline rude et peu peuplée. Dans la concavité apennine ont surgi des volcans dont les épanchements ont un peu élargi l'étroite presqu'île. Les terrains éruptifs forment en Toscane des plateaux avec des lacs circulaires, dans le Latium des dépôts de tuf (campagne romaine) et des cônes avec cratères et lacs (Monts Albains), en Campanie les champs phlégréens avec des émanations gazeuses et le Vésuve encore actif. La forme de la Péninsule exclut les grands fleuves, la rareté des neiges et la faiblesse des pluies excluent les fleuves abondants et réguliers. L'Arno, le Tibre 400 km. et le Volturno, les principaux, ne sont pas navigables.

Exception faite des hauteurs, le climat est méditerranéen avec des hivers très doux, des pluies d'été rares et un ciel parfaitement lumineux. La péninsule est le pays du mouton et de la chèvre qui transhument avec les saisons, le pays du blé et de la vigne, de l'olivier et des agrumes. Les récoltes sont en rapport avec la valeur du sol (riches sols de Campanie, terres poreuses des Pouilles) avec l'abondance de l'eau d'irrigation ou des pluies annuelles, avec le régime de la terre (au sud dominent les grands domaines qui réduisent souvent les prolétaires agricoles à s'expatrier). La région côtière occidentale est marécageuse, dangereuse et déserte dans les Maremmes de Toscane et les marais pontins dont le drainage est loin d'être achevé.

L'Italie péninsulaire est pleine de villes, grandes ou petites, qui remontent très loin dans le passé. L'étroite côte ligurienne avec ses cultures en terrasse et ses beaux vergers d'orangers vit de l'agriculture, de la pêche et de la douceur de son climat qui attire les hivernants sur les plages de la Riviera (San Remo, Bordighera, etc.). La Spezia sur une rade splendide est un port de guerre, Carrare a des carrières de marbre. *Gênes* (316 m. h.), doit le renouveau de sa fortune aux percées des Alpes et à l'industrialisation de l'Italie. Il embarque les marchandises et les voyageurs de l'Europe centrale vers l'Orient, l'Extrême-Orient et les Amériques. Il ravitaille l'Italie du Nord en matières premières. Il a développé jusque dans ses faubourgs (San Pier d'Arena) les industries les plus diverses : métallurgie, constructions navales, etc. Il fait le 1/4 du commerce maritime italien : 7 495 m. t. en 1924 et dépasse actuellement le port de Marseille comme poids mais non comme valeur des marchandises (7 172 m. t. en 1924).

En Toscane et en Ombrie se pressent les cités célèbres : Pise, Lucques, Florence, Sienne, Arezzo, Pérouse, Assise, Spoleto. *Florence* (253 m. h.), ville d'art comme Venise, a remplacé son antique industrie drapière par celles des soieries et des porcelaines. Livourne (114 m. h.), héritier de Pise est le 5e port de l'Italie, Terni utilise les chutes d'eau de la Néra et le lignite de Spoleto pour ses forges et aciéries. Les Marches, où est enclavée la république de *Saint-Marin* (12 m. h.), n'ont que des petites villes et le port d'escale d'Ancône (63 m. h.). Sur le Tibre inférieur, au milieu de campagnes vides, **Rome** (688 m. h.), capitale du royaume et de la catholicité, doit ses ressources actuelles à cette situation exceptionnelle ; à l'écart des routes du monde, éloignée de la mer, pauvre en industries, elle n'a pas eu le développement que rêvaient pour elle les créateurs de l'Italie moderne. C'est **Naples**, au pied du Vésuve, à l'entrée de la riche plaine campanienne sur un golfe abrité qui est la plus grande ville d'Italie (780 m. h.). Elle est à la fois un grand port, une vaste usine de soieries, de bijoux et de bibelots divers, un centre d'écoles et de musées, un lieu de rendez-vous pour les touristes qu'attirent le charme de ses hivers et le voisinage du Vésuve et de la Sicile. Les Pouilles aussi peuplées que la Campanie n'ont pas d'autres agglomérations importantes que les ports de Bari (131 m. h.) et de Brindisi.

Malgré la douceur de son climat et la variété de ses ressources agricoles, l'Italie péninsulaire trop étroite, trop montagneuse, trop pauvre en son sous-sol, trop arriérée dans ses procédés de culture, ne peut nourrir tous ses habitants : elle est la terre du paupérisme et de l'émigration.

3) **L'Italie insulaire**. Malte est le port de guerre de l'Angleterre dans le canal de Sicile. En dehors des îles du Quarnero qui continuent le Carso, de l'île d'Elbe où abondent les minerais de fer, l'Italie possède les deux grandes îles de la mer Tyrrhénnienne, la Sicile et la Sardaigne.

La **Sicile** (29200 kmq., plus de 4 M. d'habitants). Elle a ses plus hauts reliefs au Nord, monts Péloritains granitiques, monts Nébrodes calcaires et s'abaisse vers le Sud où les principales rivières finissent dans des plaines côtières. Il y a ici deux volcans actifs : à l'est l'énorme Etna (3279 m.), au nord dans une île le Stromboli. A cette latitude, les hivers sont très doux, les étés torrides. Les pluies manquent l'été et l'île pelée, poussiéreuse souffre de la sécheresse. Presque pas de forêts ni de prairies. Des pâtures pour moutons, du blé dur, de l'orge, des vignes, des amandiers, des oliviers, des orangers, même des dattiers, du coton et de la canne à sucre comme dans l'Espagne méridionale. La Conque d'or de Palerme est un admirable jardin bien arrosé. Dans le sous-sol autour de Caltanisetta, du soufre, dont l'exportation se fait par Port-Empédocle, du sel gemme, de l'asphalte, etc. Les villes principales sont des ports et vivent du commerce, mais l'île aux trois pointes n'est plus comme aux temps anciens sur les routes obligées du trafic international : Messine (171 m. h.) récemment détruite par un tremblement de terre est un port d'escale. *Palerme* (393 m. h.), Catane (252 m.), Trapani (71 m.) exportent les vins, les huiles, les agrumes. L'irrégularité des récoltes due à la sécheresse et le régime des grandes propriétés ont amené un fort courant d'émigration.

La **Sardaigne** (24000 kmq.) a moins d'un million d'habitants. Le mont Gennargentu culmine à l'est à 1793 mètres dans un massif granitique. Un second massif au S.-O. est séparé de la masse principale par la dépression du Campidano où coule le Samassi. C'est au bord de cette plaine que

se trouve la seule ville importante de l'île, le port de Cagliari
(61 m. h.). Les Sardes vivent de l'agriculture, de la pêche
et des mines. L'île moins haute que la Corse est moins
arrosée, mais elle a comme elle des maquis et des forêts,
des troupeaux de moutons, des châtaigniers, des oliviers,
des amandiers, des vignes et exporte de l'huile et des
oranges. On y achève de beaux barrages destinés à l'irrigation. La mer fournit le thon et la sardine. Les roches
anciennes sont riches en plomb argentifère et en zinc. Plus
encore que la Sicile, la Sardaigne souffre de son isolement
loin des routes commerciales.

. III. — L'Italie a réalisé de rapides progrès depuis 1870.
Elle arrive à produire 100 M. de quintaux de céréales (blé
et maïs surtout) sur les 115 qui lui sont nécessaires et
30 M. de qx de betteraves qui donnent 300 m. t. de sucre. Elle
a autant de vignes que la France, et récolte en moyenne
40 M. d'Hl., 28 p. 100 de la récolte mondiale (France 34,
Espagne 11 p. 100). Les mûriers permettent l'élevage
en grand des vers à soie qui ont produit 55 M. de kgs de
cocons en 1923 (France 3 300 m. kgs). Elle vend à l'étranger
plus d'un milliard de francs de fruits, d'huile et de légumes. Il
lui manque des pâturages pour le gros bétail (sauf dans les
Alpes et le Milanais). De vastes plaines sont marécageuses
et vouées à la malaria. De grands espaces sont impro-
ductifs faute d'irrigation, d'autres ont été imprudemment
déboisés.

Les conditions industrielles sont peu favorables : ni houille
(900 m. t. de lignite), ni pétrole (10 m. t. par an), peu de
fer. Les seuls produits minéraux importants sont le soufre
(13 p. 100 de la production mondiale en 1922), le zinc, le
plomb argentifère, le mercure, les pyrites de fer. L'Italie
utilise la houille blanche des Alpes et le charbon anglais.
Sa sidérurgie est peu importante (1924 : 1 200 m. t. d'acier
seulement par an), mais ses constructions de machines,
d'automobiles prospèrent. Son industrie textile est une des
premières du monde. Pour les soieries, Milan vient immé-
diatement après Lyon et les États-Unis ; pour la soie artificielle dont la consommation s'accroît très vite, le Piémont et

le Milanais viennent après les Etats-Unis. Le coton et la laine sont aussi travaillés dans les mêmes provinces. Les colorants, liés à l'industrie textiles progressent aussi. Les exportations de produits fabriqués. fils, tissus, automobiles sont beaucoup plus fortes que celles des produits agricoles.

Il faut bien distinguer l'Italie du Nord dont les habitants actifs et instruits disposent de belles plaines agricoles et de la houille blanche des Alpes, de l'Italie du Sud aux populations indolentes et arriérées sur un sol trop souvent montagneux, marécageux ou aride. Au Nord l'agriculture est prospère, savante, rémunératrice, la grande industrie a multiplié les usines en bordure des Alpes, dans la plaine padane et sur le golfe de Gênes. Au Sud la culture plus primitive, la grande propriété poussent à l'émigration les populations misérables.

CHAPITRE XVI

Péninsule balkanique méridionale

La Grèce, l'Albanie, la Turquie

I. — La Grèce.

I. — Au sud dela Yougo-Slavie et de la Bulgarie, la péninsule balkanique appartient aux deux tiers à la *Grèce*. Elle y occupe 110 m. kmq., la Turquie d'Europe 24 m., l'Albanie 30 m.. La race hellénique est répandue non seulement de la Morée à l'Epire et à la Thessalie (3 M.), mais aussi dans toutes les iles (1 M.) et sur les côtes de la mer Egée (2 M.). Elle habite en outre : au nord la zone maritime qui va des Dardanelles au Bosphore (500 m.) ; au sud Chypre (300 m.) ; à l'ouest les iles Ioniennes (250 m.). La Grèce de 1829 était surtout continentale et s'arrêtait au Mont Othrys. L'Angleterre cède les iles ioniènnes en 1863, la Turquie donne la Thessalie en 1881. La guerre balkanique ajoute l'Epire du sud, la Macédoine jusqu'à Florina, Sérès et Kavala, les grandes iles (Lesbos, Chio, Samos, la Crète). Les traités de Sèvres et de Lausanne y joignent la Thrace occidentale jusqu'à la Maritza.

Au total l'état grec a 6 M. d'habitants sur 130 m. kmq. Il ne reste hors de ses frontières que les Grecs d'Asie, de

Rhodes, du Dodécanèse et de Chypre. A l'intérieur, les Bulgares et les Albanais constituent des minorités de moins d'un dixième.

II. Les terres grecques, chaos de montagnes et de dépressions étroites, s'étirent vers le sud-est et se résolvent en presqu'îles et en îles de plus en plus petites jusqu'à la Crête qui ferme entre Cythère et Carpathos la mer Egée. Des massifs cristallins occupent le Centre et l'Est : le Rhodope de gneiss et de granit étale sa masse arrondie et ses cimes volcaniques au nord de la Thrace; les monts de Macédoine sont coupés d'effondrements occupés par des lacs (Presba et Ostrovo); l'Olympe (2 985 m.) s'élève d'un jet entre la mer et la plaine thessalienne; la Chalcidique allonge ses trois pointes bizarrement découpées dominées par le Mont Athos (1 935 m.) (1). Les vallées étroites qui descendent de ces montagnes s'élargissent en plaines côtières ; plaines d'Iénidjé, de Sérès, de Salonique et de Verria à l'embouchure de la Mesta, de la Strouma, du Vardar et de la Vistritza.

A l'ouest depuis l'Albanie jusqu'au Péloponèse, à l'Attique et à Négrepont s'alignent des chaînes et des plateaux calcaires; les eaux disparaissent dans des gouffres (katavothres) et reparaissent en grosses sources. Sur la mer Ionienne, Corfou, Leucade, Céphalonie et Zante sont les fragments d'une chaîne côtière. L'Epire dont la côte est bordée de deltas, de lagunes et de petites plaines, est un haut plateau poreux et sec découpé en bandes par de profondes vallées longitudinales. Le Pinde, épine dorsale de la Grèce centrale (2 574 m.) difficilement franchissable (col de Zygos, 1 551 m.) envoie ses eaux dans toutes les directions. Il détache vers l'est une série de chaînons prolongés par des îles et séparés par des plaines ou des bras de mer : l'Othrys se continue par l'Eubée (ou Négrepont) septentrionale, la plaine du Sperchios par le golfe de Lamia ; l'OEta s'élève à

----

(1) La péninsule du mont Athos compte une vingtaine de monastères orthodoxes avec environ 6000 moines. C'est une république monastique dirigée par un Saint-Synode.

2158 m. et à ses pieds s'allonge la dépression du Céphise
et du lac Copaïs (Béotie); le Parnasse (2450 m.), l'Hélicon,
le Cithéron et le Parnès limitent au sud la plaine béotienne;
l'Hymette domine au midi la plaine d'Athènes; les golfes
de Corinthe et d'Egine bornent au nord la Morée (ou Péloponèse. Cette péninsule est un ensemble touffu de chaînes,
de hauts-plateaux, de brusques bassins [d'effondrement.

Elle se termine au sud-est par les quatre digitations de
l'Argolide, du Parnon, du Taygète et de l'Ithôme, isolant
les plaines d'Argos, de Sparte et de Messène.

Dans l'ensemble la **Grèce continentale** se fragmente
en un grand nombre de compartiments élevés ou effondrés

qui constrastent par l'opposition de leur climat, de leur végétation et de leurs ressources économiques. La haute Macédoine et le Pinde se rattachent au régime continental avec leurs hivers froids et neigeux et leurs pluies d'été ; leurs bassins ont des cultures et de l'élevage, les montagnes sont occupées par les troupeaux transhumants. Les plaines macédoniennes et thessaliennes ont un climat plus doux : pluies encore abondantes, étés chauds, janvier et février seuls mois froids. La région hellénique proprement dite a le climat méditerranéen avec ses caractères bien connus : tiédeur hivernale, sécheresse estivale, rareté et violence des pluies, luminosité de l'air, irrégularité des fleuves, pauvreté de la végétation. Les hauteurs sont nues ou recouvertes de maquis et de maigres pâturages à moutons, les pentes moyennes et les plaines généralement petites portent seules des cultures arbustives et des champs de céréales exposés faute d'humidité a des rendements irréguliers. Les montagnes isolent à l'extrême les dépressions ce qui a fait longtemps de la Grèce un pays de cités indépendantes. Heureusement la plupart des plaines s'ouvrent-elles librement sur la mer qui unit les populations et ajoute ses richesses intarissables aux pauvres ressources du sol.

La **Grèce insulaire** (en dehors des îles Ioniennes ; 2 000 kmq.) est répandue dans toute la mer Egée (15 m. kmq.). Samothrace et Thasos sont les morceaux détachés du massif cristallin de Rhodope. Les Sporades du nord et Lemnos relient l'Othrys à la presqu'île de Gallipoli. L'Eubée (4 260 kmq.) allonge parallèlement au rivage ses crêtes de 1 000 à 1 700 m. sur 150 km. de longueur. Les Cyclades autour de Syra sont les débris d'un vieux continent qui comprenait aussi le sud de l'Eubée et de l'Attique. Les effondrements ont fait fuser les roches volcaniques dans la presqu'île de Methana du golfe d'Egine et à Santorin où les dernières éruptions sont récentes. La bordure de cet ancien continent est marquée au sud par les îles de Cythère, de Crète, de Carpathos qui ferment la mer Egée. La Crète aussi grande que la Corse, montagneuse comme elle (Ida, 2 450 m.) a quelques plaines côtières au nord. Les îles grecques jouissent du climat méditerranéen idéal : toutes sont sèches avec une agriculture misérable, quelques-unes seulement profitent du commerce de transit.

III. — La Grèce vit des produits de son sol et de la mer. Le tiers du territoire est inculte, le huitième seulement est en forêts. Les montagnes ont des pâturages, mais les bonnes prairies manquent : le bétail se compose presque exclusivement de moutons et de chèvres : 9,3 M. en 1923 ; la Thessalie élève des bœufs et des chevaux. Les céréales, le blé, l'orge, le maïs, le riz manquent de terres fertiles et la Grèce doit importer du blé et de la farine. Les légumes : haricots, fèves, pois suffisent à peine. L'installation des populations agricoles d'Asie Mineure échangées permettra dans un proche avenir d'améliorer cette situation.

Les produits d'exportation sont le tabac, les huiles, les vins et les raisins, les fruits méditerranéens et les cocons. Le tabac de Thrace autour de Sérès et de Drama a fourni 30 m. t. au port de Kavala (1923). L'olivier presque partout cultivé donne quelques huiles excellentes pour la vente à l'extérieur (Corfou, Lesbos, etc.) et beaucoup d'huiles destinées à la consommation locale ou aux usages industriels. La vigne pousse sur les pentes comme en terrain plat. Les vins grecs sont fort variés et fort inégaux de valeur : vins de fabrication négligée dans les villages de l'intérieur, vins rouges et blancs de l'Attique et de la Macédoine, vins mousseux du Péloponèse, vins doux de Samos, de Messène et des îles Ioniennes, liqueurs : 200 à 500 m. Hl. vendus à l'extérieur. Le Péloponèse à 70 m. ha. consacrés à la production du raisin sec dont l'exportation principalement par Patras a été de 120 m. t. en 1923. Les oranges, mandarines et citrons, les noix, les figues et les olives sont aussi d'un bon revenu. Le mûrier est répandu partout, mais les nouvelles provinces du nord fournissent les 2/3 de la production des cocons (2 M. kg.) : l'Italie et la France achètent à la Grèce des cocons et de la soie grège. Les plus riches départements agricoles sont les îles Ioniennes et les îles du nord-est, la Thessalie et la Thrace.

Dans l'antiquité les marbres du Pentélique et de Paros,

les mines d'argent du Laurium et les mines d'or de Pangée enrichissaient la Grèce. Aujourd'hui, quoique les minerais reconnus soient nombreux, on n'exploite guère que le lignite, les pyrites de fer et le plomb en faibles quantités.

La mer donne d'abondantes ressources. Toutes les îles et toutes les côtes pratiquent la pêche (sardines, thons, etc.). Une marine importante fait le cabotage et le trafic international. Le pavillon national représente presque la moitié des entrées et sorties dans les ports helléniques et les grands ports de la Méditerranée ont leur colonie grecque occupée de commerce et d'armement. Toutes les villes de quelque importance sont au bord de la mer. **Athènes** (285 m. h.) la capitale politique et intellectuelle étale largement ses hautes maisons blanches au pied des ruines de l'Acropole et touche presque le port du Pirée (130 m. h.) : cette double agglomération s'accroît très vite : son trafic représente la moitié du trafic national ; ses industries sont les plus importantes de la Grèce, alimentaires (minoteries, distilleries), textiles (tissus et tapis), constructions navales, etc. Les autres ports sont Salonique, Patras (52 m. hab.), escale vers le canal maritime de Corinthe qui le rapproche du Pirée, Volo (30 m.) débouché de la plaine thessalienne, Corfou, et au cœur des cyclades Hermoupolis dans l'île de Syra. La Grèce qui n'exporte guère que des produits agricoles et miniers achète beaucoup plus qu'elle ne vend. Les bénéfices de sa marine lui permettent de payer les vivres et les produits fabriqués dont elle a besoin.

2° Albanie.

Cet état (30 m. kmq., 800 m. habitants), constitué en 1912 n'a eu ses limites fixées qu'en novembre 1921. La capitale est Tirana (13 m. h.) réunie à la côte par une voie ferrée. Les Albanais qui s'appellent eux-mêmes Skipétars, fils de l'aigle, sont un des plus vieux peuples de la péninsule. Ils ont gardé à l'abri de leurs montagnes des mœurs primitives, le goût de la liberté, l'amour des armes, les traditions de l'hospitalité. La domination turque a répandu parmi eux la religion musulmane ; quelques tribus sont restées chrétiennes, catholiques ou orthodoxes comme les Mirdites et les Malissores. Hors des frontières de l'Etat, les Albanais sont nombreux dans l'Epire du Nord et dans la vieille Serbie vers Prizrend.

Les montagnes albanaises s'appuient au Pinde et forment de grands plateaux calcaires coupés de vallées profondes. La Boiana déverse le lac de Scutari. Les deux branches du Drin viennent de la haute Métoia au nord et du lac d'Ochrida au sud. La Voioutza vient du col de Zygos. Ces rivières se terminent par des plaines littorales marécageuses qui empâtent le rivage où ne se trouve aucun bon port. Durazzo et Valona reçoivent quelques navires italiens.

La montagne, de climat continental a des forêts et vit surtout de l'élevage des chèvres et des moutons. Les vallées, les bassins et la côte, de climat plus tempéré ou méditerranéen ont quelques champs de céréales, des oliviers, des vergers et élèvent du bétail et de la volaille. La culture est primitive, les mines à peine prospectées. Les rares chemins sont défectueux. Le commerce est presque nul. L'Albanie n'exporte qu'un peu d'huile, des peaux, des fromages et des œufs.

3° La Turquie.

La *Turquie*, république depuis 1923, est un Etat de 800 m. kmq. et de 11 M. d'habitants, ardemment nationaliste et désireux de s'adapter à la civilisation occidentale. Il compte 8 M. d'Ottomans et 3 M. d'Arméniens, Kurdes, Arabes, Juifs, etc. Les Grecs étaient environ 2 millions avant la grande guerre ; le désastre de Smyrne en a fait partir 7 à 800 m. ; plus de 500 m. autres ont été ensuite renvoyés de Constantinople et d'Anatolie en vertu d'une convention d'échange. A leur place sont rentrés 300 m. Turcs. Ainsi l'homogénité est plus grande que jamais. Les Allogènes non musulmans qui restent n'ont plus que le droit de pratiquer leur culte, d'avoir des écoles primaires libres, des institutions charitables et religieuses et d'employer leur langue devant les tribunaux. D'autre part les puissances européennes ont renoncé aux capitulations, faisant ainsi confiance à la Turquie régénérée.

La Turquie d'Europe est réduite à Constantinople et à la rive gauche de la Maritza depuis Andrinople : 24 m. kmq. Les fertiles plaines de la Thrace orientale produisent le blé, le maïs, le tabac et élèvent le mouton. Andrinople (60 m. h.), une des villes saintes de l'Islam, ville de confluent décline comme sa voisine Constantinople, à laquelle la relie la grande voie ferrée qui vient de Paris par la vallée du Danube.

CONCLUSION

L'Europe nouvelle est loin d'avoir trouvé son équilibre. L'Orient n'est pas entièrement pacifié. La Russie est en révolution. Les Etats Baltiques, la Roumanie, la Yougo-Slavie, la France, la Belgique, l'Italie ont d'immenses ruines à relever. Dans tous les Etats, la production agricole et industrielle a baissé à cause du manque de main-d'œuvre, d'engrais, de matières premières ou de débouchés. D'autre part, les modifications territoriales qui ont séparé des régions liées pendant des siècles par la communauté des intérêts économiques et réuni des pays naguère étrangers les uns aux autres, ont bouleversé les conditions de la production et de l'échange. Les Etats cherchent naturellement à se procurer à l'intérieur de leurs frontières ce qui est nécessaire à leur existence et à leur prospérité; ils concluent des traités de commerce pour se procurer avantageusement les denrées, les matières premières ou les objets fabriqués qui leur manquent et vendre au meilleur prix les produits agricoles ou industriels qu'ils ont en excès. Ce travail de reconstitution et de recoordination s'accomplit sous nos yeux.

Il ne faut pas être surpris si la situation précaire de l'Europe a favorisé les Etats-Unis, le Japon et une pléiade de pays neufs, qui, grâce aux immigrants instruits de la vieille expérience de leur patrie d'origine, ont su mettre en valeur leurs immenses ressources. Les **Etats-Unis** nourrissent des millions d'Européens avec leurs grains et leurs viandes; ils fournissent le coton, le cuivre, le pétrole, la houille, etc., à nos industries; ils inondent nos marchés de cotonnades, de machines, de produits métallurgiques et chimiques. Leur flotte a passé de 2,6 M. de tx. en 1914 à 12,5 M. de tx. en 1924. Leur commerce a dépassé 7 000 M. de dollars la même année, dont une exportation de 4 300 M. Ils ont drainé l'or de l'Europe, racheté 50 000 M. de francs de créances, prêté aux belligérants une somme égale. L'Amérique a la première agriculture et la première industrie du monde ; elle veut devenir la première banque et la première puissance maritime. Le **Japon** a augmenté sa production en cotonnades, soieries, métallurgie et constructions navales, porté sa flotte à 3,5 **M**. de tx. Son commerce, ses capitaux, ses hommes ont étendu leur emprise sur le Pacifique, de la Chine aux Indes Néerlandaises et à l'Amérique du Sud. L'Europe achète trois fois plus (fer, acier, cuivre, teintures, drogueries, navires, etc.) et vend deux fois moins aux Nippons qu'avant la guerre. Les **Dominions** à leur tour, concurrencent la métropole et l'Europe. Le Canada, qui a depuis 1914 doublé sa culture du blé, créé des chantiers de constructions importants, augmenté sa production en papier et pâte de bois, etc., rêve de fournir à l'Angleterre ce que lui donnaient l'Allemagne et la Russie. L'Afrique du Sud ne se contente plus d'exporter de l'or, des diamants, des plumes, des laines et des peaux : elle vend du maïs, des viandes, des beurres et fromages, du charbon moins cher que celui du Pays de Galles. Ainsi les pays neufs s'efforcent de se suffire, puis concurrencent au loin leurs anciens fournisseurs. L'Europe a accru ses achats et diminué ses envois chez eux. Elle reprendra certainement une partie de sa puissance économique dans les années qui viennent, mais elle devra compter désormais sur de sérieux rivaux pour l'exploitation de la planète.

TABLE DES MATIÈRES

SAINT-CLOUD. — IMPRIMERIE PAUL BELIN.